HUNLIUJIAGONG ZHUANGPEI XITONG YUNXING YOUHUA

混流加工-装配系统运行优化

王炳刚 著

西北工业大学 出版社

西安

图书在版编目(CIP)数据

混流加工-装配系统运行优化 / 王炳刚著. —西安:
西北工业大学出版社,2017.11
　　ISBN 978-7-5612-5736-4

　　Ⅰ. ①混… Ⅱ. ①王… Ⅲ. ①轿车—发动机—装配(机械)—研究 Ⅳ. ①U469.110.6

中国版本图书馆 CIP 数据核字(2017)第 292920 号

策划编辑:	付高明　李栋梁
责任编辑:	杨丽云

出版发行:	西北工业大学出版社		
通信地址:	西安市友谊西路 127 号	邮政编码:	710072
电　　话:	(029)88493844　88491757		
网　　址:	www.nwpup.com		
印 刷 者:	兴平市博闻印务有限公司		
开　　本:	850 mm×1 186 mm	1/32	
印　　张:	8.375		
字　　数:	171 千字		
版　　次:	2017 年 11 月第 1 版	2017 年 11 月第 1 次印刷	
定　　价:	25.00 元		

前　言

本书以轿车发动机混流加工-装配系统为研究对象,对该类系统中四类典型的优化排序问题进行了深入研究。

第一,对于单条部件加工线调度问题,以最小化最大完工时间为优化目标,对带有限中间缓冲区的多级混合流水部件加工线的调度问题进行了研究。采用基于遗传算法和模拟退火算法的混合算法求解该问题,针对相同的问题和计算数据,将该算法的优化结果与近年发表的文献中的结果进行比较,比较结果验证了该算法的有效性和优越性。

第二,对于单条混流装配线的排序问题,以部件消耗平顺化和最小化最大完工时间为目标,建立了带有限中间缓冲区的混流装配线的两目标优化排序数学模型。设计了一种多目标遗传算法用于问题的求解。按照 A 企业发动机公司装配线的实际构成和真实的数据,将该算法的优化结果与采用前一部分中的混合算法分别对两个单目标进行优化的结果进行比较,比较结果验证了该多目标遗传算法的可行性和有效性。

第三,对于加工-装配系统集成优化排序问题,研究了由一条带有限中间缓冲区的混流装配线和若干条带并行机和有限中间缓存区的部件加工线组成的拉式生产系统的集成优化排序问题,以平顺化混流装配线的部件消耗及最小化装配线和多条加工线总的完工时间成本为优化目标,提出了系统集成优化框架,建立了集成优化数学模型,提出了一种由装配序列产生各条部件加工线第一工位加工序列的方法,设计了一种新的多目标遗传算法用于求解该问题。按照 A 企业发动机公司各条生产线的实际构成和真实的数据,通过与多目标模拟退火算法的结果进行比较,比较结果验证了该多目标遗传算法的可行性和有效性,应用该可适应多目标遗传算法可以获得满意的非支配解集。

第四,为了能够充分利用各个调度区间各条生产线的生产能力,同时为了克服采用完全混流排序方法可能造成频繁切换,以致引起错漏装操作的不足,以装配车间三个连续班次生产计划为输入,以最小化加工-装配系统总的正常完工时间成本、超时完工时间成本和库存成本为目标,对该加工-装配系统的批量和排序集成优化问题进行了研究,建立了优化数学模型,提出了一种基于遗传算法和禁忌搜索算法的混合求解方法。应用 A 企业的实际生产数据,将该算法的优化结果与可适应遗传算法的优化结果进行比较,比较结果验证了该混合算法的有效性。

第五,结合 A 企业发动机公司的实际需求,对发动机混流生产计划管理的现状、存在问题以及需求进行分析,设计并开发了一套面向发动机混流生产的计划管理软件系统,并把本书中提出的优化排序方法应用到该系统中,使研究成果能够在企业中得到实际应用。

在本书的编写过程中,得到了笔者的工作单位河南城建学院领导的大力支持和同事们的无私帮助,在此一并对其表示深深的谢意。

由于水平有限,书中难免存在错误和不足之处,敬请广大读者批评指正。

王炳刚
2017 年 9 月

目　录

摘要 ……………………………………………………………… 1
第1章　相关研究综述 …………………………………………… 5
　1.1　研究背景与意义 ………………………………………… 5
　1.2　研究现状 ………………………………………………… 6
　1.3　研究内容框架与主要工作 ……………………………… 34
第2章　多级混合流水部件工线调度研究 ……………………… 38
　2.1　问题描述及评价指标 …………………………………… 39
　2.2　调度方案的构造方法 …………………………………… 41
　2.3　遗传算法和模拟退火算法简述 ………………………… 44
　2.4　基于GASA混合算法求解多级混合流水加工线调度问题 …………………………………………… 47
　2.5　GASA算法在发动机5C件加工线调度中的实例应用 ……………………………………………… 60
　2.6　小结 ……………………………………………………… 82
第3章　混流装配线多目标优化排序方法 ……………………… 83
　3.1　混流装配线的产生和应用 ……………………………… 83
　3.2　混流装配线的布置 ……………………………………… 87
　3.3　混流装配线平衡的方法 ………………………………… 94

3.4　多目标优化排序数学模型 …………………… 95
   3.5　多目标优化问题与方法简述 ………………… 97
   3.6　基于多目标遗传算法求解混流装配线排序
        问题 ……………………………………………… 101
   3.7　计算实验结果与分析 ………………………… 107
   3.8　小结 …………………………………………… 122
第4章　混流加工-装配系统排序的综合优化 …… 123
   4.1　加工-装配式生产系统的特征 ……………… 124
   4.2　加工-装配式生产系统的分析和优化方法
        ……………………………………………………… 127
   4.3　混流加工-装配系统集成优化排序问题描述
        ……………………………………………………… 128
   4.4　加工-装配系统集成优化框架与模型 …… 130
   4.5　多目标求解算法 ……………………………… 132
   4.6　计算实验结果与分析 ………………………… 140
   4.7　小结 …………………………………………… 154
第5章　混流加工-装配系统分批和排序的集成优化
        ……………………………………………………… 156
   5.1　引言 …………………………………………… 156
   5.2　批量和排序集成优化问题描述 ……………… 157
   5.3　基于GATS的批量和排序集成优化问题求
        解 ………………………………………………… 159
   5.4　计算实验结果与分析 ………………………… 173
   5.5　小结 …………………………………………… 180

第 6 章 优化排序方法在发动机混流生产计划管理中的应用 …… 181

- 6.1 发动机混流生产计划管理的现状、存在问题及需求分析 …… 181
- 6.2 计划管理流程图 …… 185
- 6.3 系统结构与功能分析 …… 187
- 6.4 系统的开发和应用环境 …… 192
- 6.5 计划管理系统的软件实现 …… 193
- 6.6 小结 …… 211

第 7 章 总结与工作展望 …… 212

- 7.1 全文总结 …… 212
- 7.2 工作展望 …… 215

参考文献 …… 216

摘 要

随着市场竞争进一步的加剧和产品需求个性化的发展,为了能够及时满足用户多样化的需求,同时又不大量增加企业的库存,近年来,越来越多的企业采用了混流加工-装配系统以提高企业生产的柔性和应对市场需求不断变化的能力,从而提升企业的市场竞争力。例如,在轿车发动机、汽车、家用空调等生产企业中,普遍采用了加工-装配式混流生产系统。为了提高混流加工-装配系统的生产效率,可以采用改善生产设施的方法,如引进效率更高的生产设备等,但是采用这种方法的成本较高,实施时间较长。相比之下,采用优化混流加工-装配系统生产顺序的方法更具经济性和实用性。本书作者以轿车发动机混流加工-装配系统为研究背景,对该类系统中的四类典型的优化排序问题进行了深入的研究。

通过对轿车发动机生产系统的组成以及各条生产线性质的分析,对要研究的问题进行了归类。按照部件加工线调度、混流装配线排序、加工-装配系统集成优化排序、加工-装配系统批量和排序集成优化的顺序分别对各个问题的国内外研究现状进行了系统全面的综述，指出了各个领域存在的问题。

对于单条部件加工线调度问题，以最小化最大完工时间为优化目标，对带有限中间缓冲区的多级混合流水部件加工线的调度问题进行了研究。为了确定调度方案，并计算最大完工时间，提出了一种由第一工位投产序列，采用基于事件驱动和空闲机器优先规则相结合的方法。采用了基于遗传算法和模拟退火算法的混合算法求解该问题，在该混合算法中，采用启发式方法和随机产生相结合的方式形成初始种群，结合问题本身的特点设计了新的选择、交叉和变异算子。通过遗传算法和模拟退火算法的混合，克服了各个单一算法的不足，平衡了算法广泛性搜索和集中性搜索的能力。针对相同的问题和计算数据，将该算法的优化结果与近年发表的文献中的结果进行了比较，比较结果验证了该算法的有效性和优越性。然后，按照A企业发动机公司各条部件加工线的实际构成，应用该公司真实的数据，分别对缸体、缸盖、曲轴和凸轮轴加工线的班次加工计划进行了优化调度，对于每条加工线的调度结果均优于A公司目前采用的调度方法的结果。

对于单条混流装配线的排序问题，以部件消耗平顺化和最小化最大完工时间为目标，建立了带有限中间缓冲区的混流装配线的两目标优化排序数学模型。结合多目标混流装配优化排序问题的特点，设计了一种多目标遗传算法用于问题的求解。在此算法中，应用了帕累托分级和共享函数的方法用于可行解适应度值的评价，保证了解的分布性和均匀性，同时对种群初始化、选择、交叉、变异算子以及精英保留策略进行了设计。按照A企业发动机

摘 要

公司装配线的实际构成和真实的数据,将该算法的优化结果与采用第二章中的混合算法分别对两个单目标进行优化的结果进行了比较,比较结果验证了该多目标遗传算法的可行性和有效性。

对于加工-装配系统集成优化排序问题,研究了由一条带有限中间缓冲区的混流装配线和若干条带并行机和有限中间缓存区的部件加工线组成的拉式生产系统的集成优化排序问题,以平顺化混流装配线的部件消耗及最小化装配线和多条加工线总的完工时间成本为优化目标,提出了系统集成优化框架,基于之前对各条部件加工线调度和装配线排序问题的研究,考虑产品和部件的库存约束,建立了集成优化数学模型,提出了一种由装配序列产生各条部件加工线第一工位加工序列的方法,设计了一种新的多目标遗传算法用于求解该问题,在此算法中,采用了可适应的遗传算子和新的适应度评价函数。对多目标优化算法得到的非支配解集,提出了基于满意度函数的评价方法。按照 A 企业发动机公司各条生产线的实际构成和真实的数据,通过与多目标模拟退火算法的结果进行比较,比较结果验证了该多目标遗传算法的可行性和有效性,应用该可适应多目标遗传算法可以获得满意的非支配解集。

为了能够充分利用各个调度区间各条生产线的生产能力,同时为了克服采用完全混流排序方法可能造成频繁切换,以致引起错漏装操作的不足,以装配车间三个连续班次生产计划为输入,以最小化加工-装配系统总的正常完工时间成本、超时完工时间成本和库存成本为目标,对该加工-装配系统的批量和排序集成优化问题进行了研究,建立了优化数学模型,提出了一种基于遗传算法和禁忌搜索算法的混合求解方法,在该算法中,提出了新的编码方式、交叉和变异方法，采用了可适应的交叉和变异算子，应用 A 企业的实际生产数据，将该算法的优化结果与可适应遗传算法的优化结果进行了比较，比较结果验证了该混合算法的有效性。

结合 A 企业发动机公司的实际需求，对发动机混流生产计划管理的现状、存在问题以及需求进行分析，设计并开发了一套面向发动机混流生产的计划管理软件系统，并把本书中提出的优化排序方法应用到该系统中，使研究成果能够在企业中得到实际应用。

最后，对主要研究工作进行了总结，并对后续的研究进行了展望。

第1章 相关研究综述

本章以轿车发动机混流加工-装配系统为研究背景,分析了轿车发动机生产系统的组成,以及各条生产线的性质,对要研究的问题进行了归类。按照部件加工线调度、混流装配线排序、加工-装配系统集成优化排序、加工-装配系统批量和排序集成优化的顺序分别对各个问题的国内外研究现状进行了系统全面的综述,并且指出了各个领域存在的问题。最后阐明了本书的结构与主要的研究工作。

1.1 研究背景与意义

轿车工业是我国国民经济的支柱产业,发动机作为关键部件,其自主制造水平的相对落后已经成为制约我国轿车工业进一步发展的瓶颈。为了适应整车生产的需求,目前我国自主品牌轿车发动机大多采取大规模混流生产模式,其生产系统由整机混流装配线和若干条关键零件(包括缸盖、缸体、凸轮轴、曲轴和连杆,简称"5C"件)柔性加工线组成,在设备层达到了较高的自动化和柔性化水平。但由于车间生产管理技术与手段的相对落后,因此这些先进生产线没有能够充分发挥出其应有的作用,造成发动机产品和关键零部件的库存量大、生产周期较长、生产成本较高、对整车需求或市场变化的反应速度较慢。解决上述问题的关键之一是实现贯穿发动机产品工艺规划、装配排程、加工调度、物流控制与车间资源管理全过程的综合管理与协同,实现轿车发动机混流生产模式下的协同制造。为此,笔者围绕轿车发动机协同制造关键技术中的部件加工线调度、多型号发动机混流装配线排序、加工-装配系统集成优化排序、加工-装配系统批量和排序技术展开研究,分别建立加工线调度、混流装配线排序,加工-装配系统集成优化,以及加工-装配系统批量和排序问题的优化模型,应用不同的优化算法求解提出的优化模型,开发相应的软件平台,并在A企业发动机公司进行验证,为实现轿车发动机的协同制造与高效生产提供技术与管理手段,为我国自主品牌轿车发动机及整车生产的精益化和敏捷化提供技术支持,促进我国自主品牌轿车工业的发展。

1.2 研究现状

轿车发动机生产系统由发动机混流装配线和多条部件加工线组成,如缸盖、缸体、凸轮轴、曲轴和连杆加工线等,这些部件加工线的性质是相同的,都属于带有限中间缓冲区和相同并行机的多级混合流水线,其调度可以采用相同的处理方法。现实中,要提高

第1章 相关研究综述

整个发动机混流生产系统的生产效率和效益,只单独考虑零部件加工线或单独考虑发动机装配线的优化是不够的,必须将部件加工线和整机装配线作为一个系统进行整体研究。采用混流生产的组织方式,可以有效提高企业满足市场不断变化的需求的能力,但是,采用完全混流的生产组织方式,容易造成生产现场操作的频繁切换,以致引起现场错装、漏装的问题,因此,对于混流生产系统中的批量和排序集成优化问题的研究具有重要的意义。综上所述,可以将本书主要的研究内容归纳为以下四方面:多级混合流水加工线调度问题、混流装配线排序问题、加工-装配系统集成优化排序问题、加工-装配系统批量和排序集成优化问题。按照多级混合流水车间调度、混流装配线排序、加工-装配系统集成优化排序以及加工-装配系统批量和排序集成优化的顺序对各个问题的国内外研究现状综述如下。

1.2.1 多级混合流水车间调度问题研究现状

混合流水车间(Hybrid Flow Shop,HFS)的概念最早出现在文献中是在20世纪70年代[1],它是对经典多机流水车间的一种延伸。在混合流水车间里,机器被依次安排在若干生产阶段上,至少在一个阶段存在多台机器,这些机器可以是相同的并行机,也可以是均匀并行机,还可以是不相关的并行机,通常假定相邻的两个阶段之间的缓冲区容量为无限大。每件工件需要按相同的顺序依次经过每个阶段,而且要在每个阶段的一台机器上进行加工。如果在各生产阶段都只有一台机器,则混合流水车间就转化为经典的流水车间。如果只有一个生产阶段,则混合流水车间就转化为并行机车间。混合流水车间的生产效率的提高在很大程度上取决于对该系统的优化调度。

Linn 和 Zhang[2]对 1999 年以前关于混合流水车间调度问题的研究进行了综述,对以往关于混合流水车间调度问题的研究按照研究对象的复杂性、优化目标和求解方法进行了总结。根据研究对象的复杂性,可以将混合流水车间的调度问题的研究归结为三大类:①两级 HFS;②三级 HFS;③k 级 HFS($k>3$)。根据优化目标,可以将以往的研究分为两大类:①基于完工时间的优化目标;②基于交货期的优化目标。根据采用的优化方法,也可以将以往的研究分为两大类:①启发式方法;②分支定界法。

近些年来,为了使研究的问题更加贴近于生产实际,许多研究者对附加了不同约束条件的混合流水车间调度问题进行了广泛的研究,分支定界法和启发式方法仍是求解混合流水车间调度问题经常使用的两类方法[2,3]。然而,在复杂机器环境下,分支定界法的计算时间很长,很难在可接受的时间内求得问题的最优解;启发式算法具有计算速度较快的特点,然而,启发式存在如何评价解的质量的困难[2]。在近些年的研究中,研究者又提出了一些新的方法,主要包括元启发式算法和混合算法。下面按照优化方法的不同将近些年来的研究进行综述。

采用精确算法求解混合流水车间调度问题的研究按照优化目标的不同和时间的先后顺序主要包括以最小化最大完工时间为优化目标,Moursli 和 Pochet[4]提出的新的分支定界算法改进了用 Brah 和 Hunsucker[5]提出的分支定界求解算法求得的问题下界。Allaoui 和 Artiba[6]对第一阶段只有一台机器,第二阶段存在多台

第1章 相关研究综述

相同并行机的两级混合流水车间的调度问题进行了研究,分析了问题的复杂性,对小规模问题提出了一种分支定界算法。Haouari 等[7]对每个阶段都存在相同并行机的两级混合流水车间调度问题,也提出了一种分支定界求解算法。以最小化总流程时间为优化目标,Azizoglu 等[8]对多级混合流水车间的调度问题提出了一种分支定界求解算法,该算法可以求得中等规模问题的最优解。Tang 等[9]基于阶段分解提出了一种新的拉格朗日松弛算法求解混合流水车间调度问题。以最小化单位时间的切换和库存成本为优化目标,Jenabi 等[10]对带不相关并行机的柔性流水车间的批量和调度问题进行了研究,对小规模问题,提出了一种新的混合 0-1 非线性数学规划的方法。以最小化拖期工件的总数为目标,Choi 和 Lee[11]研究了两级混合流水车间的调度问题,基于 Choi 和 Lee[12]的算法提出了一种新的分支定界求解算法。

针对不同的优化目标,采用启发式方法求解混合流水车间调度问题的研究按照时间先后顺序主要包括以最小化最大完工时间为优化目标,Kyparisis 和 Koulamas[13]提出了一种启发式算法,用于求解柔性流水车间的调度问题。Oguz 等[14]提出了 9 种启发式算法求解两级混合流水车间调度问题。Thornton 和 Hunsucker[15]对不带中间缓冲区的混合流水车间的调度问题进行了研究,提出了一种新的启发式方法。Acero-Dominguez 和 Paternina-Arboleda[16],Lee 等[17]则提出了一种基于瓶颈的启发式算法用于该问题的求解。Kyparisis 和 Koulamas[18]应用新的启发式算法求解机器速度变化较大的两级混合流水车间调度问题。Logendran 等[19]对柔性流水车间的成组调度问题进行了研究,该问题由两部分组成:组内的工件排序和确定各组的顺序。如果同一组的工件都在一台机器上加工,则只需要一次调整,否则,则需要多次调整。他们提出了三种不同的启发式求解算法。Kyparisis 和 Koulamas[20]对带均匀并行机的柔性流水车间的调度问题提出了一种启发式求解方法。Allaoui 和 Artiba[6]对第一阶段只有一台机器,第二阶段存在多台相同并行机的两级混合流水车间的调度问题进行了研究,分析了问题的复杂性,对于大规模问题,提出了三种启发式算法。Paternina-Arboleda 等[21]采用了基于瓶颈的算法对带相同并行机的混合流水车间的调度问题进行了求解。Choi 等[22]对带相同并行机的两级混合流水车间的调度问题进行了研究,在该研究中工件经过每个生产阶段多次,考虑了最晚交货期的约束,他们提出了几种启发式近似求解算法。针对实际的混合流水车间调度问题,Ruiz 等[23]提出了一种混合整数规划模型和启发式的求解方法。该问题考虑以下因素:机器释放时间、各级存在不相关并行机、机器能力、序列相关的切换时间、作业提前/拖后时间、工件间的优先级约束。Bellanger 和 Oulamara[24]对第一阶段包含多台相同并行机和第二阶段包含多台相同的批处理机的两级混合流水车间分批和排序问题进行了研究,提出了一种多项式时间近似算法。以最小化最大拖期为目标,Botta-Genoulaz[25]对带优先级约束和允许拖期交货的混合流水车间调度问题进行了研究,提出了 6 种启发式求解方法。Lin 和 Liao[26]提出了一种启发式算法用于求解两阶段混合流水车间的调度问题,在第一阶段,考虑了序列相关的切换时间。以最小化总拖期为目标,Yang 等[27]基于分解方法和局部搜索方法提出了三种启发式求解算法。Lee 等[28]提出了几种分

第1章 相关研究综述

派规则来解决带相同并行机的混合流水车间的调度问题。Chen 和 Chen[29]对各阶段都带不相关并行机,其中存在一个瓶颈阶段的柔性流水线的调度问题进行了研究,提出了两种基于瓶颈的启发式求解算法。以最小化拖期工件的总数为目标,Choi 和 Lee[11]研究了两级混合流水车间的调度问题,对于大规模问题,通过改进 Gupta 和 Tunc[30]的算法也提出了两阶段的启发式近似求解算法。Gupta 等[31]对带可控制作业时间和交货期的混合流水车间调度问题进行了研究,提出了采用插入技术和基于局部搜索的迭代算法的构造算法用于该问题的求解。针对带序列相关切换时间的柔性流水线调度问题,以均衡化并行机的负荷和最小化总的流经时间为目标,Kurz 和 Askin[32],提出了三类启发式求解算法:插入启发式算法、Johnson 算法的改进启发式算法和简单启发式算法,通过实验确定了各类启发式算法适用的条件范围。

应用元启发式和混合算法求解混合流水车间调度问题的研究按照优化目标的不同和时间的先后顺序主要包括以最小化最大完工时间为优化目标,Kurz 和 Askin[33]建立了该问题的混合整数规划模型,提出了一种称为任意键遗传算法(Random Key Genetic Algorithm,RKGA)的求解方法。Engin 和 Doyen[34]提出了一种人工免疫系统的方法用于该问题的求解。Oguz 等[35]提出了一种基于禁忌搜索的方法用于混合流水车间调度问题的求解。Bertel 和 Billaut[36]提出了一种遗传算法用于混合流水车间调度问题的求解,该研究允许机器速度可以不同,并且工件可以被多次加工。Serifoglu 和 Ulusoy[37]以及 Oguz 和 Ercan[38]也都采用了遗传算法求解混合流水车间的调度问题。考虑工件相关的切换时间和机器可用约束，Tang 和 Zhang[39]对至少有一个阶段存在多台并行机的混合流水车间调度问题进行了研究，提出了改进的 Hopfield 神经网络模型和算法。Ruiz 和 Maroto[40]提出一种遗传算法对考虑序列相关调整时间的混合流水车间调度问题进行了求解。基于禁忌搜索算法，Logendran 等[41]提出了三种算法用于考虑序列相关调整时间的柔性流水车间成组调度问题的求解。Zandieh 等[42]考虑序列相关的切换时间，提出了一种免疫算法用于混合流水车间调度问题的求解，并将该方法与任意键遗传算法的优化性能进行了比较，证明免疫算法的优越性。对带相同并行机的柔性流水车间调度问题，Jin 等[43]首先提出了两种产生初始解的方法，然后应用模拟退火算法对初始解进行改进。Ercan 和 Fung[44]采用离子群优化的算法对混合流水车间调度问题进行了研究，通过与遗传算法、禁忌搜索算法和蚁群算法的优化性能进行比较，表明粒子群优化算法是一种求解该类问题的有效算法。Alaykyran 等[45]提出了一种改进的蚁群优化算法求解混合流水车间的调度问题。Amin‑Naseri 和 Beheshti‑Nia[46]对混合流水车间的调度问题提出了三种启发式求解算法和一种三维遗传算法（3 ‑ Dimension Genetic Algorithm，3DGA）用于该问题的求解。Gholami 等[47]提出了一种将仿真和遗传算法结合起来的方法，对考虑序列相关切换时间和随机机器故障的混合流水车间调度问题进行了研究。考虑序列相关的切换时间、机器可用性和各级包含不相关并行机的约束，Yaurima 等[48]对纺织品和瓷砖生产过程的调度问题进行了研究，提出了一种遗传算法，该算法具有较好的优化性能。Naderi 等[49]以最小化最大完工时间和最大拖后时间为目标，考虑序列相关的切换

第 1 章 相关研究综述

时间,对混合流水车间调度问题提出了基于模拟退火和简单局部搜索的混合求解算法。考虑序列相关切换时间,Zandieh 等[50]对混合柔性流水车间的成组调度问题进行了研究,应用了三种元启发式求解算法,其中一种是采用了 Logendran 等[51]提出的基于禁忌搜索的方法,另外两种是新提出的基于遗传算法和模拟退火算法的方法。以最小化总流经时间为目标,Low[51]针对带不相关并行机的柔性流水车间调度问题提出了一种基于模拟退火算法的启发式算法。Shiau 等[52]对比例混合流水车间调度问题进行了研究,基于构造遗传算法(Constructive Genetic Algorithm,CGA),提出了一种有效的混合求解算法。Yaurima 等[53]考虑序列相关的切换时间、机器可用性约束和有限缓冲区,对带不相关并行机的混合流水车间调度问题进行了研究,提出了一种新的遗传算法。Janiak 等[54]对每阶段均带并行机的混合流水车间调度问题提出了几种近似求解算法,优化目标包括三个部分,提前时间成本、拖期时间成本和等待时间成本。经过计算试验发现,构造算法的解质量最差,三种元启发式算法解的质量均高于构造算法解的质量。Jenabi 等[10]对带不相关并行机的柔性流水车间的批量和调度问题进行了研究,该研究优化目标为最小化单位时间的切换和库存成本,对中等规模和大规模问题,他们提出了两种元启发式算法:混合遗传算法和模拟退火算法。Tang 等[55]对工件具有动态到达时间的混合流水车间的调度问题进行了研究,以最小化平均流经时间、最小化平均拖期时间和最小化拖期工件的百分比为优化目标,提出了该问题的一种神经网络模型和算法,仿真结果显示该方法的优化性能优于传统的分派规则的优化性能。Jungwattanakit 等[56]考虑与序列和与机器相关的切换时间,以最小化最大完工时间和延期工件数为目标,对带不相关并行机的柔性流水车间的调度问题进行了研究,分别提出了一些构造启发式算法和三种元启发式算法:模拟退火算法、禁忌搜索算法和遗传算法,并对算法的优化性能分别进行了比较。

尽管很多研究者对带有限中间缓冲区的调度问题进行了研究,但是对带有限中间缓冲区的混合流水车间调度问题的研究文献并不多。Hall 等[57-59]对带有限缓冲区的单机调度问题进行了研究,提出了有效的优化算法。以最小化最大完工时间为优化目标,Khosla[60]对带有限中间缓冲区的两级流水车间的调度问题,建立了混合整数线性规划模型,提出了几种启发式求解方法。Nowicki[61]提出了一种禁忌搜索算法用于解决带有限中间缓冲区的置换流水车间调度问题,其优化目标是最小化最大完工时间。同样是以最小化最大完工时间为目标,Wang 等[62]对带有限中间缓冲区的一般流水车间的调度问题进行了研究,提出了一种混合遗传算法用于求解该问题。Norman[63]对带有限缓冲区和顺序相关调整时间的流水车间调度问题进行了研究,提出了基于禁忌搜索的优化算法。Leisten[64]提出了基于优先级的启发式算法用于求解带有限缓冲区的置换流水车间和一般流水车间的调度问题,他们发现 Nawaz 等[65]的 NEH 方法是求解该问题最好的构造算法。对于带有限缓冲区的混合流水车间调度问题,以最小化最大完工时间和最小化在制品库存为优化目标,Wittrock[66]提出了一种构造算法用于该问题的求解。Sawik[67]对缓冲区容量为 0 的混合流水车间调度问题进行了研究,提出了一种启发式算法。接着,Saw-

第1章 相关研究综述

ik[68]提出了一种混合整数规划的方法用于求解带有限中间缓冲区的混合流水车间调度问题。后来,他又将混合整数规划方法应用于带有限中间缓冲区和顺序批处理任务的混合流水车间调度问题[69]。以最小化最大完工时间为目标,Wardono 和 Fathi[70]提出了一种禁忌搜索算法用于混合流水车间调度问题的求解。Tang 和 Xuan[71]将有限中间缓冲区视为加工时间为 0 的并行机,建立了混合流水车间调度问题的整数规划模型,提出了一种拉格朗日松弛算法用于求解该问题,该方法能够求得该问题较好的下界。以最小化工件完工时间加权和为目标,Wang 和 Tang[72]将分散搜索机制嵌入禁忌搜索算法,提出了一种有效的禁忌搜索求解算法,同时采用一种新的可行解的表达方式,缩小了搜索空间,提高了算法的搜索效率。

1.2.2 混流装配线排序问题研究现状

混流装配线(Mixed-Model Assembly Line,MMAL)排序问题的优化目标一般分为两类:均衡化各工位的负荷和平顺化部件的消耗。在优化方法方面,早期对于仅考虑工位负荷均衡和部件消耗平顺化的单目标优化问题,大多采用的是启发式方法和一些精确求解算法,后来有些研究者也采用了元启发式方法对问题进行了求解。对于同时考虑负荷均衡和部件消耗平顺化的多目标优化问题,研究者除了继续采用启发式方法和精确算法对问题进行求解外,更多的是采用各种元启发式的求解方法。

以部件消耗平顺化为目标的单目标优化排序问题的研究起源于日本丰田汽车公司,Monden[73]指出丰田公司采用的方法是目标追踪法（Goal Chasing，GC），它是一种贪婪的算法。Miltenburg[74]，Inman 和 Bulfin[75]，Ding 和 Cheng[76,77]都提出了启发式方法求解部件消耗平顺化问题。Cakir 和 Inman[78]应用改进的目标追踪法求解非 0 - 1 部件需求的部件消耗平顺化问题。Sumichrast 和 Russell[79]对以下五种混流装配线排序启发式算法的优化性能进行了评估和比较：Monden[73]提出的 GC1 和 GC2，Miltenburg[74]提出的 M - A1，M - A3H1 和 M - A3H2。Duplaga 和 Bragg[80]对以下 6 种启发式算法的优化性能进行了比较研究：丰田公司的两种目标追踪法[73]，现代公司的一种启发式方法[81]，Miltenburg 和 Sinnamon[82]提出的 3 种启发式方法。结果发现，Miltenburg 和 Sinnamon 提出的第二种启发式方法和改进的目标追踪法具有更好的性能，但是其他 4 种方法也能获得较好的优化结果。Kubiak 和 Sethi[83]将部件消耗平顺化问题看作一个分派问题，提出了一种精确求解算法。对于多级混流生产系统，Miltenburg 和 Sinnamon[84]建立了排序的优化数学模型，提出了启发式求解算法。后来，Ponnambalam 等[85]发现遗传算法的优化性能优于 Miltenburg 和 Sinnamon[84]提出的启发式算法。Morabito 和 Kraus[86]对 Miltenburg 和 Sinnamon[82]建立的多级混流生产部件消耗平顺化优化模型和求解算法中可能产生不可行解的缺点，提出了改进的模型和求解算法。Aigbedo 和 Monden[87]对两级混流装配排序平顺化部件消耗问题提出了一种构造式求解方法。Steiner 和 Yeomans[88]对多级混流装配最小化最大部件消耗偏差问题，提出了一种精确求解算法。Kubiak 等[89]对多级混流装配排序问题，分别以最小化最大部件消耗偏差和最小化总部件消耗偏差

第1章 相关研究综述

为目标,建立了优化数学模型,提出了一种基于动态规划的精确求解算法。在使用搜索算法进行问题的求解方面,Leu 等[90]首先以部件消耗平顺化为目标,提出了一种束搜索(Beam Search)求解算法,该算法性能优于 Monden[91]的目标追踪法和 Miltenburg 和 Sinnamon[82]的前向启发式算法。然后将改进的束搜索算法应用于考虑部件消耗平顺化和负荷均衡的两目标优化问题,也能获得较好的结果。Leu 等[92]应用遗传算法进行求解,算法的优化性能优于目标追踪法。Xiaobo 等[93]对多个工位都消耗同一种部件的平顺化问题,提出了一种改进的目标追踪算法。后来针对同一问题,Xiaobo 和 Zhou[94]提出了一种模拟退火求解方法。Kurashige 等[95]提出了一种新的目标追踪算法求解多工位混流装配排序问题,而且还提出了一种模拟退火算法和一种局部搜索算法用于问题的求解,发现模拟退火算法的效率最高。一些研究者将部件消耗变化最小问题转化为产品生产率变化最小化问题进行求解。Miltenburg[74],Kubiak[96],Zhu 和 Ding[97]提出了最小生产率变化和平顺化部件消耗的等效的充分条件。Inman 和 Bulfin[98]建立了生产率变化最小化问题新的数学模型,提出了一种多项式时间算法,可以求得小规模问题的最优生产序列。Steiner 和 Yeomans[99]提出了一种基于图论的精确求解算法。Bautista 等[100]针对 Monden[73]的最小化生产率变化问题,对目标追踪法进行了改进,并且提出了一种新的求解算法。Moreno 和 Corominas[101]把混流装配线排序的最小化最大生产率变化问题看成瓶颈分派问题,提出了三种不同的解决方法。其他对部件消耗平顺化问题的研究可参看文献[96,102,103]等。

对于均衡化各工位负荷的问题,研究者针对不同的优化目标,提出了不同的求解方法。以最小化生产线长度为目标,Dar-El 和 Cother[104],Dar-El[105],Dar-El 和 Cucuy[106],Dar-El 和 Nadivi[107]分别对具有不同工位形式的混流装配线排序问题,提出了启发式的求解算法;Kim 等[108]对带开式和闭式工位和考虑切换时间的混流装配线排序问题,采用遗传算法进行求解,并将该算法与一种启发式方法和一种分支定界法进行了比较;Goldschmidt 等[109]对开式单工位的混流装配线排序问题提出了一种有效的近似求解算法。Bard 等[110]分别以最小化线长和最小化完工时间为目标,针对开式、闭式和开放工位建立了六种混流装配线排序优化模型。以最小化停线次数为目标,Okamura 和 Yamashina[111]提出了一种启发式的排序方法;Xiaobo 和 Ohno[112]建立了优化数学模型,分析了计算复杂性、停线的充要条件、目标函数的上下界以及获得最优解的充分条件,并提出了一种启发式的排序方法。以最小化停线时间为目标,Xiaobo 和 Ohno[113]对小规模问题提出了一种分支定界算法,对于大规模问题提出了一种模拟退火算法,发现模拟退火算法具有较好的优化性能;Celano 等[114]研究了人力资源管理策略对 U 型混流装配线排序的影响,建立了优化数学模型,提出了一种遗传算法求解该问题。以最小化总的辅助工作量为目标,Yano 和 Bolt[115]对之前混流装配排序算法进行了综述,提出了一种启发式的排序方法;Yano 和 Rachamadugu[116]也提出了一种新的启发式的排序方法;Tsai[117]对闭式单工位混流装配线排序问题提出了一种精确求解方法,而且以最小化工人移动的距离,对开式单工位的混流装配线排序问题也提出了一种精确求解方法;Scholl 等[118]提

第1章 相关研究综述

出了一种增强的禁忌搜索算法求解混流装配排序问题。分别以未完工工件数、工人等待时间、工位作业时间、部件消耗平顺化为优化目标,Sumichrast 等[119]对五种混流装配排序方法(包括 GC1,GC2,时间展开法,M-A3H2 和批排序法)的优化性能进行了比较分析,发现批排序法性能最差,时间展开法的优化性能最好。以均衡化各工位负荷为目标,Caridi 和 Sianesi[120]提出了一种多代理系统的求解方法,并将结果与目标追踪法等启发式方法的结果进行了比较,证明该方法具有较好的优化性能。为了使混流装配线的产出最大化,Sumichrast 等[121]针对单级和两级系统提出了一种进化算法,分别以最小完工时间、给定时间内产品完工比例和平顺化部件消耗为目标,将该算法与 Miltenburg[74],Okamura 和 Yamashina[111],Yano 和 Rachamadugu[116]提出的方法进行了比较,除了以部件消耗平顺化为目标时,性能差于 Miltenburg[74]的算法以外,其他结果都优于其他算法。对以负荷均衡为目标的混流装配排序问题,有些研究采用了 $Ho:No$ 规则的研究方法,也就是在排序时要保证在装配序列的连续 No 个产品中至多只能连续出现 Ho 个需要部件 o 的产品。Parrello 等[122]采用了一种自动推理的求解方法。Hindi 和 Ploszajski[123]提出了一种启发式的求解方法。Smith 等[124]提出了陡降启发式和模拟退火算法,还提出了一种 Hopfield 神经网络的求解方法,并对该神经网络方法进行了改进以提高解的质量。Fliedner 和 Boysen[125]提出了一种特殊的分支定界求解算法。其他采用此种规则的方法对负荷均衡问题进行研究的文献还有[126-128]等。其他更多对负荷均衡化问题的研究可参见文献[103,115,129]等。

混流加工-装配系统运行优化

对于混流装配线排序的多目标优化问题，Miltenburg 和 Goldstein[130] 采用加权和的方法对以下两个目标进行了处理：平顺化多级部件（包括产品、子装配件、部件和原材料）消耗和平顺化工位负荷，建立了该问题的非线性混合整数规划模型，提出了一种两阶段启发式方法。对于多级混流生产系统，考虑相同的目标，Zhuqi 和 Shusaku[131] 也建立了排序优化数学模型，提出了一种新的启发式的排序方法。首先以最小化辅助工作成本为目标，Bolat[132] 对混流装配线排序问题提出了一种启发式求解方法，然后又考虑颜色变化时的切换成本约束，基于以上启发式方法又提出一种改进的启发式算法，对两目标混流排序问题进行了研究。以最小化线长和部件消耗平顺化为目标，Bard 等[110] 建立了两目标优化的混合非线性整数规划模型，对于小规模问题，禁忌搜索算法、API 启发式算法和分支定界法都能取得较好的解，对于大规模问题，禁忌搜索算法的优化性能优于 API 启发式算法。Aigbedo 和 Monden[133] 考虑四个优化目标：平顺化部件消耗和生产率变化，均衡化装配线负荷和子装配线负荷，提出了一种基于目标偏好信息的参数化求解算法。以最小化辅助工作量、部件消耗平顺化和最小化切换成本为目标，Hyun 等[134] 提出了一种多目标遗传算法求解该混流装配线多目标优化排序问题。以部件消耗平顺化和工位负荷均衡化为目标，采用加权处理的方法，Tamura 等[135] 对带旁路的混流装配线排序问题提出了三种求解方法：目标追踪法、禁忌搜索算法和动态规划法。禁忌搜索算法解的质量较好，而目标追踪法的计算时间较短。以最小化停线时间和部件消耗平顺化为目标，Celano 等[136] 分别对单目标优化问题以及对加权处理两目标的优化排序问题，提出了基于遗传算法的求解方法。Zeramdini 等[137]分别考虑两个优化目标：保持恒定的部件消耗率和平顺化各工位的负荷以避免停线，提出了一种两阶段的解决方法，针对目标一应用了改进的目标追踪方法，针对目标二采用的是一种基于距离约束的方法。以最小化未完工工作量为目标，Kim 等[138]提出了一种协同进化算法对混流装配线的平衡和排序问题进行了研究。McMullen 和 Frazier[139]同时考虑切换时间和部件消耗平顺化目标，采用加权处理的方法，提出了一种模拟退火算法，能够取得比之前文献中采用禁忌搜索算法的结果更优的结果。同时考虑延迟交货产品数和部件消耗平顺化两个目标，Lovgren 和 Racer[140]采用基于目标追踪法、2-Optimal 方法和边界交换启发式方法的七种启发式算法进行求解比较，发现边界交换启发式方法具有较好的优化性能。对于 U 型混流装配线的平衡和排序问题，Kim 等[141]提出了一种协同进化求解算法。同时考虑切换次数和部件消耗平顺化目标，McMullen 先后提出了不同的求解方法，并把不同算法的优化性能进行了比较。首先，McMullen 等[142]采用加权处理的方法，提出了一种遗传算法求解该排序问题，并将结果与模拟退火和禁忌搜索算法进行了比较，证明遗传算法优化性能较好；接着，McMullen[143]提出了一种有效的利用遗传算法、模拟退火和禁忌搜索算法构造支配解前沿的方法求解该排序问题，发现对于较小规模问题，三种方法都能获得较好的近优解，对于大规模问题模拟退火和禁忌搜索算法优于遗传算法；然后，McMullen[144]采用了一种 Kohonen 自组织图的人工神经网络方法求解混流装配排序问题，并将结果与遗传算法、模拟退火和禁忌搜索算法进行了比较，证明人工神经网络方法性能较优;最后,McMullen[145]采用了一种蚁群算法求解混流装配排序问题,并将结果与遗传算法、模拟退火和禁忌搜索算法和人工神经网络等方法进行了比较,证明该方法较优。以平顺化各工位负荷和最小化生产率变化为目标,Korkmazel 和 Meral[146]首先对几种求解最小化生产率变化的启发式算法(EDD[98],M - A3H2[74],D&C[76,77],M. D&C[146])进行了计算比较,并将优化性能较好的算法(M - A3H2,M. D&C)进行了改进,用于两目标问题的求解。以最小化库存和缺货总成本为目标,考虑不同的批作业时间,Ventura 和 Radhakrishnan[147]建立了混流装配线排序的线性整数规划模型,提出了一种拉格朗日松弛法求解该问题。以均衡各工位负荷和平顺化部件消耗为目标,Mane 等[148]分别应用目标追踪法和基于规则的方法对混流装配线进行了排序比较,证明了两种算法的可行性以及各自的优缺点。Miltenburg[149]提出了一种遗传算法对 U 型混流装配线的平衡和排序问题进行了研究,以最小化未完工工作量、部件消耗平顺化和最小化切换成本为目标,采用多目标遗传算法进行多目标优化求解,但是应用帕累托-小生境选择策略比应用加权和的选择策略的优化性能要好。考虑部件消耗平顺化的约束,以最小化总的停线时间为目标,Kotani 等[150]提出了一种两阶段的近似求解算法。以最小化切换次数和部件消耗平顺化为目标,McMullen 和 Tarasewich[151]提出了一种利用束搜索启发式算法构造非支配解前沿以求解混流装配排序问题,能够得到较好的近优解。以最小化切换次数和部件消耗平顺化为目标,Mansouri[152]提出了一种多目标遗传算法,对小规模问题,与枚举方法进行了比较,该算法可以在短时间内求得较好的非支配解前沿;对

第 1 章 相关研究综述

于不同规模的问题,将该算法与之前文献中提出的遗传算法、模拟退火和禁忌搜索算法进行了比较,在解的质量和分布性上体现出了较好的优化性能。以最小化停线时间和空闲时间的加权和为目标,Yoo 等[153]建立了带辅助人员的混流装配线排序问题的优化模型,提出了一种基于模拟退火算法和禁忌搜索算法的混合求解算法。分别以最小化生产率变化和平顺化部件消耗,最小化生产率变化和均衡各工位的负荷,最小化生产率变化、平顺化部件消耗以及均衡各工位的负荷,最小化生产率变化、平顺化部件消耗、均衡化装配线负荷以及子装配线工位负荷为优化目标,Ding 等[154]研究了混流装配线多目标优化排序问题,提出了一种比例方法和一种目标方法以及该两种方法的改进方法用于问题的求解,并比较了两种方法的性能,发现目标方法及其改进的方法具有较好的性能。以平顺化各工位的负荷为目标,Kim 等[155]对 U 型混流装配线的平衡和排序问题进行了研究,提出了一种新的进化算法。根据 Ho:No 的规则,Drexl 等[156]首先对混流装配排序中的负荷均衡化问题提出了一种分支定界算法,然后考虑负荷均衡的约束,对部件消耗平顺化问题进行了研究,提出了一种新的求解算法。以工人工资成本、机动人员工资成本、离线修理成本和超时生产成本最小化为目标,Bock 等[157]提出了一种模拟退火算法和一种局部搜索算法求解混流装配线的排序问题,并对两种算法的性能进行了比较,在允许的计算时间很短的情况下,局部搜索算法性能较好,但是允许的计算时间较长时,模拟退火算法的结果较好。同时考虑三个目标:辅助工作成本、生产率变化成本和切换成本,Tavakkoli-Moghaddam 和 Rahimi-Vahed[158]对该三个目标采用加权和的处理方法,提出了一种 memetic 算法求解该混流装配线排序问题,将该算法的结果与 Lingo 6 软件的计算结果进行了比较,具有较好的优化性能,特别是对大规模的问题。以最小化各工位实际负荷与理想负荷的偏差和最小化切换次数为目标,Mohammadi 和 Ozbayrak[159]对混流装配线排序问题提出了一种模拟退火的求解方法。同时考虑部件消耗平顺化和最小化最大完工时间两个目标,Yu 等[160]提出了一种多目标遗传算法用于求解工位间缓冲区容量无限大的混流装配线的排序问题。以最小化工位数和均衡化各工位负荷为目标,Kara 等[161]对 U 型混流装配线的平衡和排序问题进行了研究,提出了一种新的模拟退火求解算法。考虑三个目标:最小化装配车间具有较高优先级的部件违反生产能力约束的次数、最小化涂装车间颜色改变的次数和最小化装配车间具有较低优先级的部件违反生产能力约束的次数,Gagne 等[162]提出了一种蚁群算法求解实际车间的排序问题,并将该算法与雷诺集团使用的模拟退火算法的优化性能进行了比较。考虑与文献[162]中相同的优化目标,基于变邻域结构和迭代局部搜索元启发式算法,Ribeiro 等[163]提出了一种混合启发式方法对实际汽车生产排序问题进行了研究,提出了一种迭代禁忌搜索求解算法。其他同时考虑负荷均衡和部件消耗平顺化的更多研究可参见文献[103]等。

1.2.3 加工-装配系统集成优化排序问题研究现状

部件加工调度和混流装配排序作为两个独立的问题已被广泛研究过,这方面综述性的研究可参看文献[45,72,103,164]。然而,在加工-装配型车间或企业中,要提高整个生产系统的效率和效益,这

第1章 相关研究综述

两个问题则应该同时进行考虑。但是对于带装配操作的车间调度问题的研究文献并不是很多,可以将这类问题的研究分为两大类:带装配操作的作业车间调度问题和带装配操作的流水车间调度问题。

对带装配操作的作业车间调度问题,Huang[165]分别以流程时间、延迟时间、拖期、等待时间和拖后工件数百分比为优化目标,首先对12种优先分派规则的优化性能进行了比较,发现 SPT 和 ASMF-SPT 规则具有较好的优化性能。然后将这两种规则进行组合提出了一种新的分派规则,以等待时间为目标。该方法的性能优于 SPT 规则,对其他目标,性能优于 ASMF-SPT 规则。分别以平均流经时间、平均拖后时间、平均绝对延期时间和拖后工件百分比为目标,针对不同的产品结构复杂性,Fry 等对带装配操作的六机作业车间的调度问题,将14种排序规则的优化结果进行了比较研究,发现产品结构和排序规则间存在很强的关联关系,针对不同的产品结构复杂性提出了不同的最优排序规则。Cheng[167]对带装配操作的作业车间如何预测流经时间的平均和标准偏差问题提出了一种基于关键路径的近似方法,并针对具有不同结构复杂性的产品对该方法的有效性进行了计算机仿真试验,结果显示总体来说,该方法对于结构复杂性较低的产品具有更高的准确性,对于较高结构复杂性的产品在一定的试验条件下也是一种简单而有效的预测方法。Philipoom 等[168]针对不同结构复杂性的产品,考虑八种基于完工时间和交货期的目标,将七种多属性的排序规则与一种传统的排序规则进行了比较,对于各类具有不同复杂程度产品和不同优化目标的问题,给出了适合的排序规则。另外,针对带多级装配操作的作业车间调度问题提出了一种新的排序规则。考虑交货期约束,以最大化机器利用率为目标,Doctor 等[169]对作业车间环境下的加工和装配调度问题进行了研究,若干已完成加工的部件在装配工位被装配成子装配件,然后不同的子装配件再被装配成产品,提出了一种启发式的求解方法。McKoy 和 Egbelu[170]以最小化最大完工时间为目标,建立了同时考虑加工和装配操作和不同产品结构复杂性的作业车间调度问题的优化数学模型,对于小规模问题,采用数学规划系统软件(MPSX/370)进行了精确求解,对于较大规模的问题,提出了一种启发式的求解方法。以最小化总的库存成本和切换成本为目标,Kolisch[171]对带装配操作的作业车间的装配调度和加工批量确定的集成优化问题进行了研究,建立了该问题的混合整数规划模型,提出了一种两级倒推启发式的求解算法。分别以最小化加权平均调度成本、最小化加权平均流经时间、最小化加权平均拖期、最小化最大总调度成本、最小化最大加权流经时间、最小化最大加权拖期为目标,考虑产品不同的复杂结构和不同库存成本和拖期成本,Thiagarajan 和 Rajendran[172]对带装配操作的动态作业车间的调度问题提出了几种有效的分派规则,这些分派规则对最小化总调度成本的变化、最小化总的加权流经时间的变化和最小化总的加权拖期的变化问题也具有很好的优化效果。之后,首先以最小化提前和拖期加权成本为目标,然后以最小化提前、拖期和完工时间加权总成本为目标,考虑不同的单位提前、拖期和完工时间成本,Thiagarajan 和 Rajendran[173]对带装配操作的动态作业车间调度问题又提出了几种分派规则。这些分派规则也能够有效处理最小化上述目标的平均值和

第 1 章 相关研究综述

最大值问题。以最小化最大完工时间为目标,Gaafar 和 Masoud[174]对由一台柔性部件加工机器和多台相同装配工位组成的加工-装配系统的调度问题进行了研究,提出了四种元启发式求解算法:传统遗传算法、传统模拟退火算法、由启发式方法产生初始解的遗传算法和由启发式方法产生初始解的模拟退火算法,并将该四种算法的性能和上述用于产生初始解的启发式算法的优化性能进行了比较,发现对于很多计算实例四种元启发式算法的性能都优于启发式算法,而且模拟退火算法的性能优于遗传算法,对少量实例,启发式算法的结果与四种元启发式算法的结果相当。

在带装配操作的流水车间调度问题研究方面,以最小化最大完工时间为目标,Lee 等[175]建立了三机装配型流水车间调度问题的优化数学模型,在该问题中,每种产品是由两种零件装配而成的,第一台机器加工一种零件,第二台机器加工另一种零件,两种零件都加工完成后,第三台机器将该两种零件装配成产品,首先证明该问题是强 NP-完全问题,然后对可求得最优解的几种特例提出了多项式时间求解算法,并对该问题的一般情况提出了三种启发式求解算法。以最小化最大完工时间为目标,Potts 等[176]提出了一种新的分支定界法对两阶段加工-装配型流水车间调度问题进行了研究,在第一阶段存在 m 台机器,第二阶段只存在一台机器,第一阶段每台机器加工一种产品装配所需的一种零件,当所有的零件都加工完成后,第二阶段的机器将所有的零件装配成一件产品。首先证明即使当 $m=2$ 时,该问题已是 NP-困难的,然后提出了一种启发式的求解算法。对于与上述 Potts 等[176]研究的相同的问题,Hariri 和 Potts[177]提出了一种新的分支定界法求解算法,该算法可以对多达 8 000 件产品在第一阶段存在 10 台机器的调度问题进行求解。以最小化总的完工时间为目标,Cheng 和 Wang[178]对两机流水车间部件加工和装配的调度问题进行了研究;每一件产品都由一件专用零件和一件通用零件装配而成,两种零件都由第一台机器进行加工,专用零件采用单件加工的形式,而通用零件采用批量加工的形式,但是在形成一个批量时需要一定的切换时间。只有当装配某种产品的两种零件都加工完成时才能在第二台机器上开始该产品的装配。他们首先证明了该问题是 NP-困难问题,然后提出了该问题最优解的一些特性,并对两个特例问题提出了两种多项式时间算法。以最小化完工时间加权和为目标,Yokoyama[179]对带部件加工和装配操作的生产系统的调度问题进行了研究发现,部件加工流水线存在多台机器,所有部件的加工顺序相同,而所有的装配操作都在一个装配工位上完成,首先由若干种部件装配成一个子装配件,然后该子装配件再与其他若干种部件装配成另一个子装配件,直到装配成完整产品为止,目标就是确定产品和各种部件的生产序列以使优化目标值最优,于是他们提出了一种有效的分支定界求解方法。以最小化完工时间加权和为目标,Yokoyama 和 Santos[180]对带加工和装配操作的三机流水车间的调度问题进行了研究,发现产品装配所需的所有部件都要在第一和第二台机器上以相同的顺序进行加工,然后在第三台机器上进行装配成产品,并且基于如下的假设:如果产品 h 要在产品 h' 之前进行装配,则产品 h' 的所有部件都要在产品 h 的所有部件都加工完成之后才能开始加工,目标是要确定各产品和部件的生产顺序,提出了一种融合了 John 算法的分支定界求解算法,能够有效地求得大规模问题的最优或 ε 最优解。Cao 和 Chen[181]对由两条部件流水加工线和一个装配工位组成的加工-装配系统的调度问题,以加工线总的切换时间和生产负荷均衡化为目标,建立了该问题的非线性混合整数规划模型,采用枚举的方法对问题进行求解,可以同时确定加工线最优的部件分配、生产序列和批量。以平均完工时间最小化为目标,Yokoyama[182]对带加工、切换和装配操作的生产系统的调度问题进行了研究:部件加工线是有多台机器组成的流水生产线,若装配工位只有一台机器,当机器开始加工一种部件或当加工的部件型号发生变化时,需要一定的切换时间,每件产品由若干不同的部件装配而成,部件的加工操作被分成若干个块,同一块中的同种部件要进行连续加工。他研究的目的是确定如何对部件加工操作进行分块以及如何对每一块中部件进行排序,以使得目标函数值最小,提出了一种动态规划的方法和一种分支定界求解算法。

1.2.4 流水车间批量和排序问题研究现状

自从 Wagner 和 Whitin[183]建立了动态需求环境下的经济批量模型开始,批量和和排序问题一直是一个研究热点。考虑生产能力、多品种、多机、多级等重要约束,研究者对该问题进行了广泛的研究。对于批量问题,综述性的文献可参见[184-189]。

Ouenniche 等[190]通过计算实验证明,排序方法对流水车间的批量和调度问题具有不可忽视的作用。应该对批量和排序问题进行集成研究,但是对这方面的研究文献并不多。按照单机、并行机、流水生产线、柔性流水线和多条流水线的顺序对同时考虑批量和排序问题的研究文献综述如下：

以最小化总的库存成本为目标，考虑序列不相关的切换时间，Aras 和 Swanson[191]对有限能力的单机批量和排序问题，提出了一种倒推启发式求解算法。以最小化切换成本和库存成本为目标，Gupta 和 Magnusson[192]对带序列相关切换成本和非0切换时间的单机有限能力批量和调度问题建立了混合整数规划模型，提出了一种启发式的求解算法。

以最小化总的切换时间为目标，Beraldi 等[193]对考虑序列相关切换时间的多台相同并行机的批量和调度问题进行了研究，建立了优化数学模型，提出了一种滚动窗口方法和一种启发式求解方法，计算证明了该两种方法可以求解大规模问题，但是启发式算法的性能优于滚动窗口方法。在对于多台不相关并行机的批量和调度问题的研究方面，Clark[194]对带序列相关切换时间的多台不相关并行机的滚时批量和排序问题，提出了一种基于规则的启发式求解方法，在此研究中假定只是在每个调度区间的开始时需要一次切换。而在 Clark 和 Clark[195]对该问题的研究中允许每个调度区间有多次切换。Meyr[196]考虑带序列相关切换时间和不允许积压的约束，对多台不相关并行机的批量和排序问题进行了研究，建立了优化数学模型，基于他早期对单机批量和调度问题的研究[197,198]，提出了一种采用局部搜索进行排序的方法，同时采用再优化的方法来确定批量的大小。Staggemeier[199]等对该问题提出了一种遗传算法进行求解，在该算法中批量的大小是通过线性规划的方法确定的。以最小化总的切换、库存和生产成本为目标，Meyr[196]是对多台不相关并行机的批量和调度问题进行研究，提取

第 1 章 相关研究综述

出了基于模拟退火等算法的新的启发式求解方法。以最小化总的切换成本、库存成本和生产成本为目标,Marinelli 等[200]对酸奶包装企业带不相关并行机和共用有限容量缓冲区的有限能力批量和排序问题进行了研究,提出了一种有效的两阶段启发式求解算法。

Sikora 等[201]对带序列相关切换时间和有限能力的多机流水线的批量和排序问题,提出了一种集成解决方法。接着,Siroka[202]对考虑有限能力、序列相关切换时间、有限中间缓冲区和交货期约束的流水线的批量和排序问题,以最小化生产成本和库存成本为目标,提出了一种遗传算法进行求解。Ponnambalam 和 Mohan Reddy[203]以最小化正常生产时间内生产成本、超时生产成本和库存成本为目标,对多机流水线的批量和排序问题,提出了一种基于 GA 和 SA 的混合求解方法。考虑加工时间、切换时间、机器故障和不合格品约束,以按时满足订单需求的可能性最大化为目标,Dolgui 等[204]部件加工流水线的批量和排序问题进行了研究,采用将问题分解为枚举、旅行商问题和背包问题三个子问题的方法,建立了优化数学模型,提出了一种迭代优化算法。

尽管以最小化最大完工时间为目标,在文献[6,7,70]中,作者对带有限中间缓冲区的经典流水车间的调度问题进行过研究,这些研究只是确定工件的生产顺序和开始时间,没有涉及批量的问题,很少有研究者对有限调度区间的带有限中间缓冲区的柔性流水车间的批量和调度问题进行过研究,Akrami 等[205]对此问题进行了研究,以最小化总的切换成本、在制品库存成本和成品库存成本为目标,考虑有限调度区间和不同产品具有相同循环时间的约束,提出了两种元启发式求解算法,一种是遗传算法,另一种是禁忌搜索算法,分别针对不同规模的问题,将该两种算法的优化性能与另外一种最优枚举方法(OEM)进行了相互比较,发现在可接受的时间内 OEM 只能对中小规模的问题求出结果(不能保证是最优解),两种元启发式算法在大多数情况下解的质量优于 OEM,而且禁忌搜索算法的部分结果优于 GA 的结果,但是计算时间却比 GA 的要长。

大多数对于同时考虑批量和调度问题的研究是针对单条生产线的,并且假定缓冲区容量无限大。对多条并行生产线的批量和调度问题的研究文献较少。De Matt 和 Guignard[206,207]建立了多条不相关生产线的批量和调度优化数学模型,采用拉格朗日松弛法对问题进行了求解。以最小化库存成本、订单损失成本和切换成本为目标,Ferreira 等[208]对由多条包装线和共用各种原料存储容器的饮料生产系统的批量和调度问题进行了研究,建立了混合整数规划模型,提出了一种松弛算法和一种启发式求解算法。

对同时考虑批量和排序问题的其他研究可参看 Drexl 和 Kimms[209],Staggemeier 和 Clark[210]等的综述性的文献。

1.2.5 研究现状总结与问题分析

从以上综述可以看出,研究者已经对于带有限中间缓冲区的混合流水部件加工线和混流装配线的单条生产线调度和排序问题进行了广泛的研究,但是对于同时考虑部件加工线和混流装配线的集成优化排序问题的研究文献相对较少,同时,也可以看出对混流加工-装配系统的批量和排序问题的研究更少。以往的研究主要存在问题如下:

第 1 章　相关研究综述

(1) 对于部件加工线,尽管已经有不少研究者对带有限中间缓冲区的多级并行机调度问题进行过研究,但是如何设计该 NP‐困难问题更加高效的求解算法仍是一个研究热点,对该问题的有效解决可以提高部件加工线的生产效率,同时为加工‐装配系统集成优化打下良好的基础。

(2) 对于混流装配线,研究者针对部件消耗平顺化、负荷均衡化以及同时考虑该两类目标的多目标优化排序问题进行了充分的研究,但是很少对带有限中间缓冲区的混流装配线的排序问题进行过研究,发动机混流装配线就属于此类混流装配线,对于这类问题,完工时间是工位负荷均衡类目标的一种重要的衡量指标,但是对同时考虑部件消耗平顺化和完工时间最小化的多目标优化排序问题的研究非常少。

(3) 对于加工‐装配系统集成优化方面,尽管已经有些研究者对带装配操作的流水车间调度问题进行了研究,但是多数的研究对象或者只是由两台或三台机器组成的系统,或者只是由一条传统部件流水加工线和一个装配工位组成的系统,对于由一条混流装配线和由多条带有限中间缓冲区和多台相同并行机的流水部件加工线组成复杂系统的研究几乎处于空白。在优化目标方面,大多是以完工时间为目标进行单目标优化。事实上,在加工‐装配复杂系统中,仅仅考虑这一个目标并不总能保证整个系统的性能优化;在优化方法上,已提出的方法包括分支定界法和动态规划法等精确求解方法,还有一些启发式方法。对于较大规模的问题,精确算法往往很难在可接受的时间内求得问题的最优解,对于此类问题,研究高效的元启发式求解算法以在可接受的时间内求得问题的较优可行解具有重要的现实意义。

（4）在加工-装配系统的批量和排序集成优化方面，有些研究者已经对于单机、并行机、流水车间、柔性流水车间和多条并行流水车间的批量和排序问题进行过研究，但是对于由带有限中间缓冲区的混流装配线和多条带有限中间缓冲区的混合流水部件加工线组成的复杂加工-装配系统的批量和排序问题还没有进行过研究，对于该类问题优化目标、模型和算法的探讨对提高整个混流加工-装配系统的效率、降低生产和库存成本是很有价值的。

（5）缺少混流加工-装配系统生产计划管理和优化排序的软件支持系统。基于以上优化技术，研究和开发能够分别支持部件加工线、混流装配线以及加工-装配系统计划管理和优化排序的软件系统，并将该系统与企业的库存管理、数据采集等系统实现集成，对于实现协同制造具有重要作用。

1.3　研究内容框架与主要工作

根据以上的综述和分析，本书按照部件加工线调度、混流装配线排序、加工-装配系统综合优化排序、加工-装配系统分批和排序集成优化、优化排序技术在发动机生产系统中的应用的顺序，对混流加工-装配系统中的优化排序与调度问题依次展开研究与开发。本书研究内容结构如图1-1所示。

第1章 相关研究综述

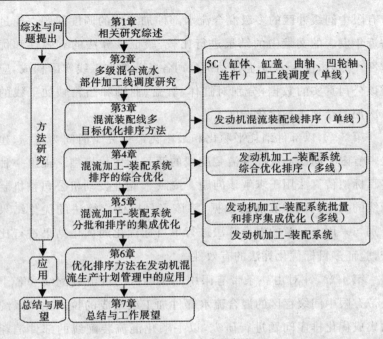

图1-1 研究内容框架

各章的主要内容如下:

第1章,介绍研究的背景和意义。分析轿车发动机混流加工-装配系统的组成,以及各条生产线的性质,对要研究的问题进行归类。按照多级混合流水车间调度、混流装配线排序、加工-装配系统集成优化排序、加工-装配系统批量和排序集成优化的顺序分别对各个问题的国内外研究现状进行系统全面的综述,并且指出了各个领域存在的问题,阐明本书研究内容框架与主要的研究工作。

第2章,采用基于遗传算法和模拟退火算法的混合算法求解带有限中间缓冲区的多级混合流水部件加工线的调度问题。通过与近年发表的文献中的结果进行比较,验证该算法的有效性和优越性。然后,按照 A 企业发动机公司各条部件加工线实际构成,应用该公司真实的数据,分别对缸体、缸盖、曲轴和凸轮轴加工线的班次加工计划进行优化调度。

第 3 章,以部件消耗平顺化和最小化最大完工时间为目标,建立带有限中间缓冲区的混流装配线的两目标优化模型。提出一种多目标遗传算法用于求解该问题。按照 A 企业发动机公司整机装配线的实际构成和真实的数据,将该多目标优化算法的优化结果分别与采用上一章的混合算法进行单目标优化的优化结果进行比较,验证多目标优化算法的有效性。

第 4 章,针对由一条带有限中间缓冲区的混流装配线和若干条带有限中间缓存区的混合流水部件加工线组成的拉式生产系统的集成优化排序问题进行研究,以平顺化混流装配线的部件消耗及最小化装配线和多条加工线最大完工时间成本为优化目标,提出该混流加工-装配系统集成优化框架,建立优化数学模型,设计可适应多目标遗传算法用于求解该问题。对于多目标优化解集的优劣提出基于满意度函数的评价方法。按照 A 企业发动机混流加工-装配系统的实际构成和真实的数据,通过与多目标模拟退火算法的结果进行比较,验证该多目标遗传算法的可行性和有效性。

第 5 章,为克服由于上述完全混流排序方法的结果可能造成频繁切换因而引起错漏操作的缺点,对加工-装配系统的批量和排序集成优化问题进行研究,以装配车间连续三个班次的生产计划为输入,以最小化加工-装配系统总的正常完工时间成本、超时完

第 1 章　相关研究综述

工时间成本和库存成本为目标,建立优化数学模型,提出一种基于遗传算法和禁忌搜索算法的混合求解方法。应用生产现场的实际生产数据,将该算法的优化性能与可适应遗传算法进行了比较,验证该混合算法的有效性。

第 6 章,将以上优化排序方法集成到轿车发动机协同制造管理系统之中,能够分别实现对单条加工线和单条装配线的优化排序,也能实现加工-装配系统的集成优化排序,以及实现加工-装配系统批量和排序集成优化的功能。最后给出该系统的实际实施效果。

第 7 章,对本书所介绍的主要研究工作进行总结,并提出下一步的研究展望。

第 2 章　多级混合流水部件工线调度研究

　　带有限中间缓冲区的多级混合流水部件加工线的调度问题是 NP - 困难问题，本章采用基于遗传算法和模拟退火算法的混合算法求解该问题。在该混合算法中，采用启发式方法和随机产生相结合的方式形成初始种群，结合问题本身的特点设计了新的选择、交叉和变异算子。通过遗传算法和模拟退火算法的混合，克服了各个单一算法的不足，平衡了算法广泛性搜索和集中性搜索的能力。以最小化最大完工时间为优化目标，针对相同的问题和计算数据，将该算法的优化结果与之前已发表文献中的结果进行了比较，验证了该算法的有效性和优越性。然后，按照 A 企业发动机公司各条部件加工线的实际构成，应用该公司真实的数据，分别对缸体、缸盖、曲轴和凸轮轴加工线的班次加工计划进行了优化调度，优化结果均优于该公司目前采用调度方法的结果。

第 2 章 多级混合流水部件加工线调度研究

2.1 问题描述及评价指标

2.1.1 问题描述

带有限中间缓冲区的多级混合流水部件加工线调度问题可以描述为有 n 个工件 $\{J_1,J_2,\cdots,J_n\}$ 要以相同的顺序依次通过流水生产线的所有 s 个工位完成加工,每个工位上的机器数为 m_s,至少有一个工位 $m_s>1$,任何两个相邻工位之间存在一个有限容量的缓冲区,缓冲区中的工件遵循先进先出(First in First Out,FIFO)的规则,每个工件在一个工位上只能被一台机器加工,如果工件在某个工位上加工完成,而该工位的紧后缓冲区中没有空闲位置,则该工件只能在该机器上等待直到紧后缓冲区中有空闲位置或下一工位中至少有一台机器空闲为止。目标是要确定一个调度,包括确定每个工件在每个工位上的加工机器、每台机器上工件的加工顺序以及工件在各台机器上的开始加工和完成加工时间,以使得优化目标值最优或较优。

此外,在加工过程中还需要满足的约束条件如下:

(1)同一台机器同一时刻最多只能加工一个工件。

(2)同一工件在同一时刻最多只能被一台机器加工。

(3)每个工件在每个工位的一台机器上一旦开始加工不能中断。

(4)不同工件之间具有相同的优先级。

(5)工件在第一工位开始加工的时刻记为零时刻。

根据加工线组成和计算复杂性程度不同,可以将多级混合流水部件加工线按工位数的不同分为两级、三级和 k 级($k>3$)混合流水部件加工线。Gupta[211]证明即使是对两级混合流水线,当任何一级中的机器数多于 1 时,以最小化最大完工时间为优化目标的调度问题已是 NP-困难问题。

2.1.2 评价指标

在带有限中间缓冲区的多级混合流水加工线调度问题的求解过程中,调度方案优劣的评价需要通过一定的目标函数来判断,目标函数也就是常用的评价指标。该类问题的评价指标主要分为三大类。

(1)基于完工时间的评价指标。完工时间定义为每个工件最后一道工序的完成时间 C_j,它是评价调度方案优劣的最根本指标,能够体现出车间生产效率的高低。完工时间类指标主要包括最小化最大完工时间、最小化平均完工时间、最小化总完工时间等,其中最小化最大完工时间(Makespan)是带有限中间缓冲区的多级混合流水加工线调度问题研究中应用最广泛的评价指标之一,如式(2-1)所示。本章也是以最小化最大完工时间作为优化目标。

$$f_1 = \min(\max_{1 \leqslant j \leqslant n}(C_j)) \qquad (2-1)$$

(2)基于交货期的评价指标。交货期是准时制生产必须要考虑的问题,工件完工时间与其交货时间相差越小,说明其更能够满足交货期要求。交货期类指标主要包括最小化最大拖期、最小化拖期工件数、最小化平均拖期时间、最小化总拖期等。一般将工件 j 的交货期 d_j 与其完成时间 C_j 的非负差值定义为最大提前时间指

标 E_j,即 $E_j = \max(d_j - C_j, 0)$,而最大拖期时间指标 T_j 则定义为工件 j 的完成时间 C_j 与交货期时间 d_j 的非负差值,即 $T_j = \max(C_j - d_j, 0)$。最小化最大提前时间和最大拖期时间评价指标分别为

$$f_2 = \min(\max_{1 \leq j \leq n}(E_j)) \qquad (2-2)$$

$$f_3 = \min(\max_{1 \leq j \leq n}(T_j)) \qquad (2-3)$$

(3)基于成本的评价指标。主要包括最小化总完工时间成本、最小化提前、拖期和等待时间成本、最小化单位时间切换和库存总成本,等等。

2.2 调度方案的构造方法

对带有限中间缓冲区和各工位存在多台相同并行机的混合流水线的调度问题,以最小化最大完工时间为优化目标,文献[212]等建立了该类调度问题的优化数学模型,可以看出,该模型复杂程度高,建立难度较大,实用性不强。目前,对该问题,不少研究都避开建立复杂的数学模型,而是采取另外一种更为实用、操作性更强的解决方法,所采用的方法主要是根据第一工位的生产序列,应用调度规则来构造整条加工线的完整调度[213,214],从而确定最大完工时间。本书采用的方法是根据零部件加工线第一工位的加工序列,应用事件驱动的方法和空闲机器优先(First Available Machine,FAM)的规则来构造整条加工线的调度方案,从而确定加工线最大完工时间。具体过程如下:

考虑加工计划中工件种类和各种工件的需求数量约束,随机产生加工线第一工位的投产序列,将该序列中的前 m_1 个工件分配

到第一工位的全部 m_1 台机器上进行加工,初始加工时间为 0,确定该 m_1 个工件的加工完成时间,该 m_1 个工件在第一工位加工完成的事件构成初始事件集合 **E**,该 m_1 个工件加工完成时间构成初始完成时间集合 **T**,将集合 **T** 和集合 **E** 按升序排序。执行集合 **E** 中的第 1 个事件,即工件 j 在工位 s 上加工完成,根据具体条件分别进行下述不同的过程。

(1) 若工位 s 是工件 j 的最后一个工位,则将工件 j 放入已完成工件集合 R,同时将工位 s 中加工工件 j 的机器状态置为"空闲";该事件触发下述操作。

1) 在 s 工位。如果工位 s 的紧前缓冲区中有待加工的工件,则选择在该缓冲区中最前端的工件在工位 s 的空闲机器上进行加工,同时"释放"该缓冲区位置,将缓冲区中的后端的工件都前移一位。将该工件在工位 s 上的加工完成的事件以及加工完成的时间按升序排序的规则分别加入集合 **E** 和 **T** 中。

2) 在 $s-1 \sim 1$ 的各工位:①如果当前工位中有一台机器的状态为"堵塞",并且该工位的紧后缓冲区中有空闲位置,则将该"堵塞"工件移入空闲缓冲区的最前端,同时将该机器的状态置为"空闲"。②如果 $s-1 \sim 2$ 各工位中有一台机器的状态为"空闲",而且该工位的紧前缓冲区中有等待加工的工件,则选择在该缓冲区中最前端的工件在该机器上进行加工,同时"释放"该缓冲区位置,将缓冲区中的后端的工件都前移一位,将该工件在当前工位上的加工完成的事件以及加工完成的时间按升序排序的规则分别加入集合 **E** 和 **T** 中。对第一工位,如果一台机器的状态为"空闲",则开始加工第一工位投产序列中的下一件工件(除非所有工件都已加工完成),

将该工件在当前工位上的加工完成的事件以及加工完成的时间按升序排序的规则分别加入集合 **E** 和 **T** 中。

(2) 若工位 s 不是工件 j 的最后一个工位,而且工位 s 的紧后缓冲区已满,则将工件 j 以及工位 s 中加工工件 j 的机器状态置为"堵塞";该事件不触发任何操作。

(3) 若工位 s 不是工件 j 的最后一个工位,而且工位 s 的紧后缓冲区不满,则将工件 j 移入缓冲区空闲位置的最前端,同时将工位 s 中加工工件 j 的机器状态置为"空闲";该事件触发下述操作。

1) 在 $s+1$ 工位。如果有一台机器空闲,则将紧前缓冲区中最前端的工件移到该机器上进行加工,同时"释放"该缓冲区位置,将缓冲区中的后端的工件都前移一位。该工件在工位 $s+1$ 开始加工的时间为时间集合 **T** 中的当前时间,据此计算出该工件在工位 $s+1$ 上的加工完成时间,将该工件在工位 $s+1$ 上的加工完成的事件以及加工完成的时间升序排序的规则分别加入集合 **E** 和 **T** 中。

2) 在 s 工位。进行 (1)—1) 中描述的操作。

3) 在 $s-1 \sim 1$ 的各工位。进行 (1)—2) 中描述的操作。

对于当前事件,经过判断完成以上步骤描述的操作后,从集合 **E** 中删除该事件,然后执行集合 **E** 中的下一个事件,如果集合 **E** 中同时有几件事件发生,则选择工位序号大的事件优先处理,直到该集合为空为止,完成时间集合 **T** 中的最大值即为该调度方案的最大完工时间。

2.3 遗传算法和模拟退火算法简述

2.3.1 遗传算法

遗传算法(Genetic Algorithm,GA)是 John Holland 教授在受到生物自然进化现象的启发后,在 20 世纪 70 年代中期首先提出的[215],随后,Goldberg[216]对遗传算法做了系统的总结和阐述,由此奠定了现代遗传算法的基础。

遗传算法按照自然界中"物竞天择、适者生存"的进化规律,通过模拟自然选择、交叉、变异等作用机制,实现各个个体的适应度的提高,不断迭代,逐步寻找最优解(或次优解)。遗传算法是基于种群的进化算法,在求解问题时,将问题的解表示成为"染色体",将目标函数转换为适应度函数,从一组随机产生的初始种群开始搜索,通过种群中个体之间的选择、交叉、变异等遗传操作,不断地迭代进化,采用适应度函数对在每一代种群中的个体进行优劣的评价,适应度值高的个体被选择进入下一代的机会更大。遗传算法的设计主要要考虑以下 5 个基本要素:①问题解(染色体)的表达方式,即编码方式;②初始种群产生方法;③适应度函数的确定;④确定合适的遗传算子,主要包括选择、交叉和变异算子;⑤算法参数的设置,主要包括种群规模、进化代数、交叉概率、变异概率等。

基本遗传算法步骤如下所述,基本遗传算法流程图如图 2-1 所示。

Step 1:产生初始种群 $P(t)$,令进化代数 $t=0$。

第 2 章 多级混合流水部件加工线调度研究

Step 2：评价种群 $P(t)$，保存最优解。

Step 3：若终止条件（$t \geqslant T$）满足，则输出最优解；否则转 Step 4。

Step 4：进行选择、交叉、变异操作，产生子代 $C(t)$。

Step 5：评价子代 $C(t)$，更新最优解。

Step 6：$t=t+1$，转 Step 3。

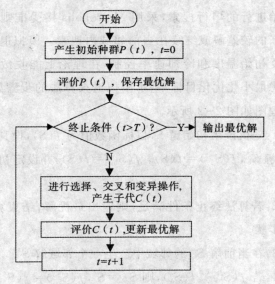

图 2-1　基本遗传算法流程图

遗传算法是一种并行搜索策略，它的优点主要包括全局搜索能力较强、计算效率较高、鲁棒性好、通用性和灵活性较大，但它的局部搜索能力较差，容易出现早熟收敛现象，在遗传算法中嵌入局部搜索方法能够大大提高其搜索能力。

2.3.2 模拟退火算法

模拟退火算法（Simulated Annealing,SA）是 Kirkpatrick 等[217]在注意到组合优化问题与物理退火过程之间的相似性,并受 Metropolis 准则[218]的启迪后于 1983 年提出的一种元启发式算法。不同于遗传算法基于种群的并行搜索方式,模拟退火算法是从一个起点开始进行的串行搜索,采用 Metropolis 接受准则以一定的概率接受新的较差解或继续在当前邻域内搜索。模拟退火算法的搜索过程受初始温度和冷却速率控制,在理论上能收敛到全局最优解。考虑最小化优化目标,基本模拟退火算法的步骤如下所述,其算法流程图如图 2-2 所示。

Step 1:随机产生初始解 S,目标函数值为 $f(S)$,设其为当前解 S^* 和最优解 S_b,$f(S^*)=f(S)$,$f(S_b)=f(S)$,并设定初始温度 t_0 和 $i=0$。

Step 2:若算法终止条件满足,则输出最优解,结束算法;否则继续以下步骤。

Step 3:在当前解 S^* 的邻域中产生一个邻域解 S'。

Step 4:若 $f(S')<f(S_b)$,则 $S^*=S'$,$f(S^*)=f(S')$,$S_b=S'$,$f(S_b)=f(S')$。若 $f(S')<f(S^*)$,则 $S^*=S'$,$f(S^*)=f(S')$。若 $f(S')>f(S^*)$,且 $\exp(f(S^*)-f(S'))/t_i>\text{random}[0,1]$,则 $S^*=S^*$,$f(S')=f(S')$,否则保持 S^* 不变。

Step 5:若满足抽样稳定准则,转 Step 6;否则转 Step 3。

Step 6:降温 $t_{i+1}=\text{update}(t_i)$,设 $i=i+1$,转 Step 2。

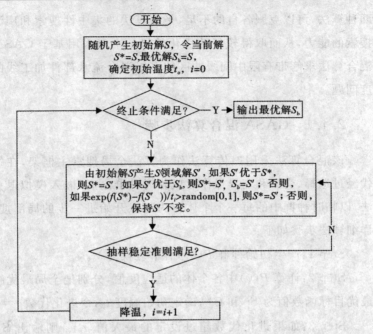

图 2-2 基本模拟退火算法流程图

模拟退火算法具有较强的局部搜索能力,可以有效避免陷入局部最优,但是它的全局搜索能力较差。

2.4 基于 GASA 混合算法求解多级混合流水加工线调度问题

从对遗传算法和模拟退火算法的简述可以看出,两种算法具有很强的互补性,遗传算法的全局搜索能力较强,但是容易陷入局部最优,出现早熟,而模拟退火算法具有很强的局部搜索能力,可以有效避开局部最优,但是它的全局搜索能力有限。通过混合这两种算法,可以克服各自的不足,平衡算法的集中性搜索和广泛性搜索的能力,从而取得较好的优化效果。本书采用基于 GASA 的混合算法求解带有限中间缓冲区的多级混合流水部件加工线的调度问题。

2.4.1 GASA 混合算法步骤

该混合算法采用遗传算法作为算法全局搜索主框架,在每一代经过选择、交叉和变异操作形成临时种群之后,嵌入模拟退火算法,以临时种群中的每一个个体作为起点开始进一步的局部搜索。详细算法步骤如下:

Step 1:产生初始种群 $P(0)$,种群规模为 V。

Step 2:计算 $P(0)$ 中各个体的适应度值,分别记全局最优解和最优目标函数值为 S^* 和 C^*,确定初始温度 t_0,令进化代数 $g=0$。

Step 3:如果进化代数超过设定的最大值 g_{max},则输出 S^* 和 C^*,算法结束,否则,继续执行以下步骤。

Step 4:进行遗传操作(选择、交叉、变异)。

Step 5:分别以经过以上步骤得到的临时种群中的每个个体 S 为起点,进行如下局部搜索过程:

(1)初始化局部搜索次数 l 和局部最优解保持不变的次数 q 为 0,令局部最优解 $S^{**}=S^*$,当前状态 $S'(0)=S$。

(2)采用倒序变异因子(INV)从当前状态 S 产生一个新解 S',计算二者目标函数值的差值 $\Delta C'=C(S')-C(S)$。

(3)若 $\Delta C'<0$,则接受 S' 作为当前状态,令 $S^{**}=S'$,$q=0$,而且,如果 $C(S^*)>C(S')$,则令 $S^{**}=S'$;若 $\Delta C'>0$,则满足 exp

$(f(S^*) - f(S'))/t_g >$ random$[0,1]$ 时接受 S' 作为当前状态,若 S' 被接受,则令 $S'(l+1)=S', q=q+1$,否则仍令 $S'(l+1)=S'(l)$。

(4)令 $l=l+1$,若内循环终止条件 $(q>q_{max}$ or $l>l_{max})$ 满足,则转(5),否则转(2)。

(5)用 S^{**} 代替 S。

Step 6:评价经过以上步骤后所得临时种群 $p^t(g)$ 中的所有个体,更新 S^* 和 C^*。

Step 7:保存最优解。

Step 8:$g=g+1, t_g=at_{g-1}$,转 Step 3。

GASA 混合算法流程图如图 2-3 所示。

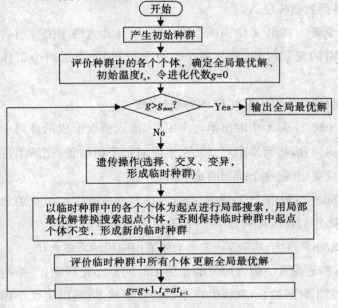

图 2-3　GASA 混合算法流程图

2.4.2 GASA 混合算法关键步骤实现

(1)产生初始种群。初始种群中个体的质量对遗传算法的优化结果和效率具有很大的影响,在产生初始种群时,一方面要保证个体的多样性,另一方面要保证种群中的个体具有较好的质量。NEH 算法和 SPT 规则被认为是求解流水车间调度问题的两种比较有效的启发式方法[65,165]。为此,采用了随机和启发式相结合的方法产生初始种群。具体步骤如下:

Step 1:利用 NEH 启发式方法按照如下步骤产生一个个体。

步骤 1:按在所有工位上总加工时间大小非升序排列每个工件,得到初始排序 X。

步骤 2:选出 X 中前两个工件,分别计算这两个工件前后顺序不同时的完工时间,取其最小的那个排列,并把这两个工件固定下来。

步骤 3:从 $k=3$ 到 $k=V$,执行步骤 4。

步骤 4:从 X 中取出第 k 个工件,插入前面形成的排列中所有可能的位置,找到那个可以使完工时间最小的位置,把新工件插入这个位置,并把这个排列固定下来。

Step 2:利用 SPT 规则,也就是按照在所有工位上总的加工时间非降序的规则排列每个工件,产生一个个体。

Step 3:对于其余 $V-2$ 个个体采用随机的方式产生。

(2)适应度。因为研究的是完工时间最小化问题,一个生产序列的完工时间越长,则该生产序列的质量越差,所以定义个体的适应度值为其完工时间值的倒数。

(3)选择操作。为使具有较高适应度值的个体具有较高的概率被选择进入下一代种群,同时又要保持种群的多样性,采用了下述选择策略以形成下一代种群。

Step 1:根据个体的适应度值,对各个体进行降序排序。

Step 2:按照适应度值从高到低的顺序,选择一定数量的优良个体直接进入下一代种群,选择个体的数量由事先设定的相对于种群大小 V 的比例值 P_s 控制。

Step 3:对于每一个未被选中的 $V\times(1-P_s)$ 个个体,随机产生一个新个体,如果新个体适应度值优于该未被选中的个体,则将新个体加入下一代种群,如果在连续 10 次循环中都不能找到该较优个体,则也将该未被选中的个体直接加入下一代种群。

(4)交叉操作:首先评价当前种群中的所有个体,确定最优解,然后按照交叉概率 P_c,选择一个种群中的其他个体与其进行交叉操作,交叉算子则随机从以下 3 种交叉算子中选择一种[219]:部分映射交叉算子(Partial Mapping Crossover,PMX)、线性顺序交叉算子(Linear Order Crossover,LOX)、改进的顺序交叉算子(Modified Order Crossover,modOX),各交叉算子的操作过程如图 2-4 所示。每次交叉操作完成后将产生 2 个子代个体,然后用这 2 个子代个体和 2 个父代个体中最优两个解替换 2 个父代个体。这种交叉方案不仅丰富了算法的搜索模式,而且可以增强算法的广泛性搜索能力。

混流加工-装配系统运行优化

```
P1 | 1 | 2 | 3 | 4 | 5 | 6 | 7 | 8 | 9 |
P2 | 7 | 3 | 6 | 4 | 1 | 8 | 2 | 9 | 5 |
```

1. 选择交叉位置3,7;
2. 交换两个父本染色体交叉位之间的基因串;
3. 把交叉位之间的基因对应关系3-6、6-8、4-4、7-2和5-1简化为3-8、4-4、7-2和5-1;
4. 按简化后的基因对应关系交叉位以外的基因进行交换。

```
C1 | 5 | 7 | 6 | 4 | 1 | 8 | 2 | 3 | 9 |
C2 | 2 | 8 | 3 | 4 | 5 | 6 | 7 | 9 | 1 |
```

(a)

```
P1 | 1 | 2 | 3 | 4 | 5 | 6 | 7 | 8 | 9 |
P2 | 7 | 3 | 6 | 4 | 1 | 8 | 2 | 9 | 5 |
```

1. 选择交叉位置3,7交叉为之间的基因串为需要交换的子基因串;
2. 将P1(P2)中与P2(P1)中所选基因串中的基因值相同的基因表示为"A;"
3. 将所有A移至交叉位之间;
4. 将P1(P2)中的空位用P1(P2)中的非A基因以此取代。

```
C1 | 5 | 7 | 6 | 4 | 1 | 8 | 2 | 3 | 9 |
C2 | 2 | 8 | 3 | 4 | 5 | 6 | 7 | 9 | 1 |
```

(b)

第 2 章　多级混合流水部件加工线调度研究

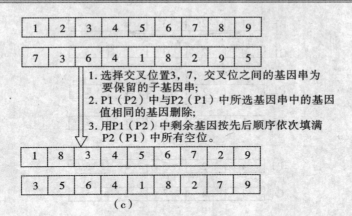

图 2-4　交叉操作
(a)PMX 交叉;(b)LOX 交叉;(c)modOX 交叉

(5)变异操作:变异操作主要用来保持种群的多样性,由事先确定的变异概率控制变异操作使用的频度,也就是,对于当前种群中的每个个体,随机产生一个 0～1 之间的实数,如果该实数小于变异概率 P_m,则要对该个体进行变异操作,类似于交叉操作,变异算子也是随机从以下三种变异算子中选择一种[219]:互换变异算子(SWAP)、逆序变异算子(Inverse,INV)和插入变异算子(IN-SERT),各变异算子的操作过程如图 2-5 所示。

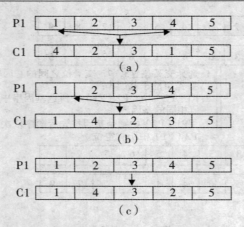

图 2-5 变异操作
(a)互换变异;(b)插入变异;(c)逆序变异

(6)精英策略。为了防止丢失最优解,经过 2.4.1 中的 Step 6,若 $C(S^*) > C(S^{**})$,则令 $S^* = S^{**}$,否则,用 S^* 替换经过 2.4.1 中的 Step 6 之后得到的临时种群中的最差个体。

2.4.3 算法性能比较

为了测试所提 GASA 混合算法的优化性能,针对近些年已发表文献[220-222]中相同的问题进行计算试验,将本章所提算法与已发表文献中提出的算法的计算结果进行了比较。该混合流水线共有 3 个工位,工位 1 有 2 台机器,而工位 2 和工位 3 各有 3 台机器,相邻两工位之间的缓冲区容量均为 3。共有 13 种不同型号(A～M)的工件可以在此加工线上加工。进行计算试验的问题分为 6 个,分别对应 6 种生产计划,每种生产计划包含的工件种类和需求数

第 2 章 多级混合流水部件加工线调度研究

量不同,计算数据如表 2-1 所示。算法采用 C++编程,在 IBM 笔记本上进行运行(Intel (R) Celeron (R) M, CPU 1.70 GHz, 512 MB),经过算法灵敏性计算试验,选择的算法参数值为 $V=50$, $P_c=0.85, P_m=0.20, P_a=0.50, P_s=0.6, q_{max}=3, l_{max}=8, a=0.95, g_{max}=20$。表 2-2 列出了 4 种算法对该问题的计算结果,其中 t_{CPU} 为计算时间,C_{max} 为最大完工时间。

表 2-1 生产计划及加工时间

产品型号	加工时间/s			生产需求 生产计划					
	$s=1$	$s=2$	$s=3$	1	2	3	4	5	6
A	39	12	15	12					
B	13	29	55	1					
C	22	57	61	26			14	23	20
D	234	40	1			2			
E	39	26	81		6	7	4		1
F	13	71	55		14	20	16		
G	143	67	1	1	4			3	1
H	0	29	15	7					
I	26	40	75		6				5
J	18	60	35	4					

续表

产品型号	加工时间/s			生产需求生产计划					
	$s=1$	$s=2$	$s=3$	1	2	3	4	5	6
K	22	71	41	4					
L	13	71	55		4				
M	61	47	35			11		14	3
各计划加工产品总数				51	38	38	36	40	30

表 2-2 计算结果

生产计划	本书算法		TS-H1[220]		WLA[221]	RITM[222]
	C_{max}/s	t_{CPU}/s	C_{max}	t_{CPU}/s	C_{max}	C_{max}
1	774	277	776	121.17	907	837
2	779	93	774	44.81	972	870
3	776	77	777	32.52	885	838
4	775	54	775	24.72	940	922
5	963	39	969	19.28	964	999
6	669	29	675	13.73	686	674

第 2 章 多级混合流水部件加工线调度研究

从表 2-2 可以看出,对所有 6 种生产计划,本书算法求得的结果全部优于 WLA 算法和 RITM 算法的计算结果。而与 TS-H1 算法相比,对生产计划 2,用本书所提算法求得的结果比 TS-H1 算法的结果要差,对生产计划 4,二者所求的结果相同,对其余 4 个生产计划,所提的混合算法求得的结果均优于 TS-H1 的结果。由于篇幅所限,因此此处仅列出生产计划 6 的详细调度结果,如表 2-3 所示。表 2-3 中第 1 列的"字母-数字"表示方法中的字母代表工件的类型,数字代表该类型工件的序号。表中列出了各工件在每个工位上的加工机器号、该工件在该机器上的加工顺序号,以及在该机器上的开始和加工完成时间。第 1 工位工件投产顺序为 EIIIC CCCMC CCMMC CCICC CGCCC CCICC。

表 2-3 生产计划 6 的调度结果

工件	工位											
	1				2				3			
	机器	加工顺序	开始时间	完成时间	机器	加工顺序	开始时间	完成时间	机器	加工顺序	开始时间	完成时间
C-1	2	3	52	74	1	2	74	131	1	2	146	207
C-2	1	3	65	87	3	2	92	149	3	2	167	228
C-3	2	4	74	96	2	3	105	162	1	3	207	268
C-4	1	4	87	109	1	3	131	188	3	3	216	277

混流加工-装配系统运行优化

续表

工件	工位 1				工位 2				工位 3			
	机器	加工顺序	开始时间	完成时间	机器	加工顺序	开始时间	完成时间	机器	加工顺序	开始时间	完成时间
C-5	1	5	109	131	3	3	149	206	3	3	228	289
C-6	1	6	131	153	2	4	162	219	1	4	268	329
C-7	1	7	153	175	3	4	206	263	3	4	289	350
C-8	2	7	218	240	3	5	263	320	2	6	347	408
C-9	1	9	236	258	2	6	268	325	3	5	350	411
C-10	2	8	240	262	1	6	283	340	1	6	364	425
C-11	2	9	262	284	2	7	325	382	3	6	411	472
C-12	1	11	284	306	1	7	340	397	1	7	425	486
C-13	2	10	284	306	3	7	360	417	3	7	472	533
C-14	2	11	320	342	2	8	382	439	2	8	483	544
C-15	2	12	342	364	1	8	397	454	1	8	486	547
C-16	2	13	364	386	3	8	417	474	3	8	533	594

第 2 章 多级混合流水部件加工线调度研究

续表

工件	工位										
	1				2				3		
	机器	加工顺序	开始时间	完成时间	机器	加工顺序	开始时间	完成时间	机器	加工顺序	开始时间	完成时间
C-17	2	14	386	408	2	9	439	496	2	9	544	605
C-18	2	15	408	430	1	9	454	511	3	9	547	608
C-19	1	13	449	471	1	10	511	568	2	11	606	667
C-20	2	17	456	478	2	11	536	593	1	10	608	669
E	1	1	0	39	2	1	39	65	1	1	65	146
G	1	12	306	449	3	9	474	541	2	10	605	606
I-1	2	1	0	26	1	1	26	66	2	1	66	141
I-2	2	2	26	52	3	1	52	92	3	1	92	167
I-3	1	2	39	65	2	2	65	105	2	2	141	216
I-4	1	10	258	284	3	6	320	360	2	7	408	483
I-5	2	16	430	456	2	10	496	536	3	9	594	669

续表

工件	工位 1			工位 2			工位 3		
	机器	加工顺序	开始时间	完成时间	机器	加工顺序	开始时间	完成时间	机器	加工顺序	开始时间	完成时间

工件	机器	加工顺序	开始时间	完成时间	机器	加工顺序	开始时间	完成时间	机器	加工顺序	开始时间	完成时间
M-1	2	5	96	157	1	4	188	235	2	4	277	312
M-2	2	6	157	218	2	5	219	266	2	5	312	347
M-3	1	8	175	236	1	5	236	283	1	5	329	364

2.5 GASA 算法在发动机 5C 件加工线调度中的实例应用

本节以最小化最大完工时间为优化目标，采用上述 GASA 混合算法分别对发动机缸盖、缸体、凸轮轴和曲轴加工线（因为连杆加工线只加工一种型号的连杆，故没有对该线进行优化排序）的调度问题进行优化计算，算法采用 C++ 编程，在 IBM 笔记本上进行运行 (Intel (R) Celeron (R) M,CPU 1.70 GHz,512 MB)，经过算法灵敏性计算试验，选择的算法参数值为：$V=50, P_c=0.85, P_m=0.20, P_a=0.50, P_s=0.6, q_{max}=3, l_{max}=8, \alpha=0.95, g_{max}=20$。其他计算数据见具体的应用问题。

第2章 多级混合流水部件加工线调度研究

2.5.1 缸盖加工线

缸盖加工线加工的缸盖型号共有 4 种，分别为 481F-1003010BA，481H，481FD-1003010 和 481FB-1003010。班次生产能力为 235 件，班次有效定额时间为 24300 s。该条加工线共有 13 个工位，每个工位上的机器数不同，相邻两工位间存在不同数量的有限中间缓冲区，缓冲区的容量分别为 3,2,3,2,4,1,2,2,3,2,2,2。该加工线班次生产计划如表 2-4 所示，各工位对不同型号部件的加工时间如表 2-5 所示。目前 A 企业发动机公司采用的是不完全混流排序的方法安排每班的加工任务，即是同种型号的缸盖一旦开始加工，就要连续加工完该型号的全部部件。4 种型号的缸盖总共有 24 种排列顺序，表 2-6 列出了每种排列的计算结果，同时也给出了采用完全混流生产的方式，应用本章提出的 GASA 混合算法运行 20 次的最优结果。

表 2-4 缸盖加工线班次生产计划

生产计划	缸盖型号			
	481F-1003010BA	481H	481FD-1003010	481FB-1003010
缸盖编号	A	B	C	D
计划数量	60	30	50	70

表2-5 缸盖加工线组成及加工时间

工位	机器数	工艺描述	加工时间/s			
			A	B	C	D
1	3	粗、精铣缸盖进、排气面	124	143	162	166
2	5	粗加工顶面、前端面	128	164	206	148
3	5	顶面、座圈、导管底孔精加工	152	183	224	156
4	1	气缸盖中间清洗	62	78	64	92
5	1	气缸盖中间试漏	93	65	96	74
6	2	气缸盖导管、座圈压装	68	82	74	86
7	1	气缸盖凸轮轴承盖装配、拧紧	96	63	84	102
8	3	导管、座圈粗精加工	172	145	138	167
9	2	顶面及凸轮轴孔精加工	150	118	122	136
10	1	气缸盖最终清洗机	93	69	82	78
11	1	气缸盖钢球、碗形塞压装、试漏	85	102	78	92
12	1	缸盖成品打号	87	62	96	92
13	1	成品检测、下线	113	86	122	75

第 2 章 多级混合流水部件加工线调度研究

表 2-6 计算结果

序号	A 企业目前加工组织方式		混流加工		加工时间缩短比例
	加工序列	完工时间/s	加工序列	完工时间/s	
1	60A-30B-70D-50C	23 193	AABABCCDDAC		5.06%
2	60A-30B-50C-70D	23 006	ADBBAAAABBDB DBCBDCCABCDCC	22 020	4.29%
3	60A-50C-30B-70D	23 112	ABADCDBBACAA CDAADCDDBDAD		4.72%
4	60A-70D-30B-50C	23 341	CADDCBBCCBABA		5.66%
5	60A-50C-70D-30B	23 176	CCCDDCCBBBABD ABBABBDAABBBB		4.31%
6	60A-70D-50C-30B	23 012	DDDDCCADCADAD CDACCADADDCAC		5.69%
7	30B-60A-50C-70D	23 349	DCACCDDDAAD		5.84%

续表

序号	A 企业目前加工组织方式		混流加工		加工时间缩短比例
	加工序列	完工时间/s	加工序列	完工时间/s	
8	30B-50C-60A-70D	23 385	ADDDADDCDD CCCACDAACCCC DCCACADADADC DCDDACDADDDD DDCAAADCADDA DADDDDADAADD AAAA		5.84%
9	30B-70D-50C-60A	23 741			7.25%
10	30B-60A-70D-50C	23 392			5.87%
11	30B-50C-70D-60A	23 351			5.70%
12	30B-70D-60A-50C	23 709			7.12%
13	50C-60A-30B-70D	23 207			5.11%
14	50C-30B-60A-70D	23 101			4.68%

第2章 多级混合流水部件加工线调度研究

续表

序号	A 企业目前加工组织方式		混流加工		加工时间缩短比例
	加工序列	完工时间/s	加工序列	完工时间/s	
15	50C - 70D - 60A - 30B	23 112			4.72%
16	50C - 60A - 70D - 30B	23 215			5.15%
17	50C - 30B - 70D - 60A	23 218			5.16%
18	50C - 70D - 30B - 60A	23 350			5.70%
19	70D - 60A - 30B - 50C	23 789			7.44%
20	70D - 60A - 50C - 30B	23 903			7.88%
21	70D - 30B - 60A - 50C	24 250			9.20%

续表

序号	A 企业目前加工组织方式		混流加工		加工时间缩短比例
	加工序列	完工时间/s	加工序列	完工时间/s	
22	70D-30B-50C-60A	24 285			9.33%
23	70D-50C-60A-30B	23 863			7.72%
24	70D-50C-30B-60A	23 821			7.56%

从表2-6可以看出,对缸盖加工线,相对于A企业发动机公司目前的不完全混流的生产组织方式,如果采用完全混流加工的生产组织方式,应用本章提出的混合算法进行排序求解,可以缩短加工时间4.29%~9.33%,CPU计算时间为3 102 s。若采用最小生产集合的方式组织生产,即重复生产最小生产集合(B,A,C,A,C,

第 2 章　多级混合流水部件加工线调度研究

B,A,A,C,A,A,C,C,B,D,D,D,D,D,D,D)10 次,所得的结果与不采用重复生产最小生产集合的方式的结果是相同的,都是 22 020 s,但是 CPU 计算时间仅需要 146 s,优化效率有显著提高。

2.5.2　缸体加工线

缸体加工线加工的缸体型号共有 3 种,分别为 481H-1002010BA,484F-1002010 和 481FC-1002010。班次生产能力为 230 件,班次有效定额时间为 48 600 s。该加工线共有 15 个工位,每个工位上的机器数不同,相邻两工位间存在不同数量的有限中间缓冲区,缓冲区的容量分别为 1,2,1,3,2,4,1,1,2,3,1,2,2,1。该加工线班次生产计划如表 2-7 所示,各工位对不同型号部件的加工时间如表 2-8 所示。按照目前 A 企业发动机公司采用的不完全混流排序的方法安排每班的加工任务,3 种型号的缸体总共有 6 种排列顺序,表 2-9 列出了每种排列的计算结果,同时也列出了采用完全混流生产的方式,应用本章提出的混合算法运行 20 次的最优结果。

表 2-7　缸体加工线班次生产计划

生产计划	缸体型号		
	481H-1002010BA	484F-1002010	481FC-1002010
缸体编号	A	B	C
计划数量	80	50	80

表 2-8 缸体加工线组成及加工时间

工位	机器数	工艺描述	加工时间/s A	B	C
1	1	毛坯上线	52	56	58
2	2	粗加工前后端面,粗镗曲轴孔,钻主油道及过渡基准孔	132	188	163
3	5	粗镗缸孔,精加工底加工精基准孔,粗镗缸孔,加工底面螺栓孔。精铣底面	363	428	382
4	3	加工进、排气侧凸台螺栓孔,粗镗水泵孔	204	146	172
5	3	精镗水泵孔,加工锁瓦槽及止推面。缸盖螺栓孔钻孔攻丝	212	196	204
6	1	中间清洗(≤40 mg)	94	127	116
7	1	水套、高压油道试漏	202	156	184
8	1	框架装配拧紧	184	145	166
9	2	加工前油封安装螺纹孔及前后端面一些安装孔,钻铰框架定位销孔	163	176	226
10	1	压装定位销	46	68	58
11	3	精镗缸孔、曲轴孔精铣上结合面	156	204	248
12	1	缸孔珩磨	162	189	221
13	1	最终清洗(≤50 mg)	104	122	97
14	1	装碗形塞	93	105	124
15	1	缸孔、曲轴孔最终检测	156	113	137

第2章 多级混合流水部件加工线调度研究

表 2-9 计算结果

序号	A 企业目前加工组织方式		混流加工		加工时间缩短比例
	加工序列	完工时间 /s	加工序列	完工时间 /s	
1	80A-50B-80C	45 224	ABBABBABBABB BBBBABABABBBBA BABBBCBCACCCAC ACACCCAAAACCA CCAAACACAAAAA BACBCBCAACACCC CCBCCCCAAACBBA BAAAAC	42 304	6.46%
2	80A-80C-50B	45 307			6.63%
3	50B-80A-80C	44 146			4.17%
4	50B-80C-80A	43 637			3.05%
5	80C-80A-50B	43 692			3.18%

续表

序号	A企业目前加工组织方式		混流加工		加工时间缩短比例
	加工序列	完工时间/s	加工序列	完工时间/s	
6	80C-50B-80A	43 949	ACACAAACCCBC BCCBCBACAAACA AACABACBBABCC CACBCBAAACCAA ACCCCCCAAAACC CACCCAAACABCA CBABBBCBCCBBBB CCCCCCCCCCACAA AAAAA		3.74%

从表2-9可以看出,对缸体加工线,相对于A企业发动机公司目前的不完全混流的生产组织方式,如果采用完全混流加工的生

产组织方式,采用本书提出的混合算法进行排序求解,可以缩短加工时间 3.05%~6.63%,CPU 计算时间是 3 870 s。若采用最小生产集合的方式组织生产,重复生产最小生产集合(A,B,B,B,B,C,C,A,B,C,C,C,C,A,C,A,A,A,A,A)10 次,所得的结果也是 42 304 s,与采用完全混流的方式的结果相同,但是 CPU 计算时间仅需要 382 s,优化效率有显著提高。

2.5.3 凸轮轴加工线

凸轮轴加工线加工的凸轮轴型号共有 5 种,分别为 481F-1006010,481FB-1006010,481H-1006010,481F-1006035 和 481H-1006030。班次生产能力为 300 件,班次有效定额时间为 24 300 s。该条加工线共有 13 个工位,每个工位上的机器数不同,相邻两工位间存在不同数量的有限中间缓冲区,缓冲区的容量分别为 1,2,1,2,1,1,3,1,2,1,1,1。该加工线班次生产计划如表 2-10 所示,各工位对不同型号部件的加工时间如表 2-11 所示。采用目前 A 企业发动机公司的不完全混流排序的方法安排每班的加工任务,5 种型号的缸盖总共有 120 种排列顺序,为节约篇幅,表 2-12 列出了 20 种排列的计算结果,同时也给出了采用完全混流生产的方式,采用本章提出的混合算法运行 20 次的最优结果。

表 2-10　凸轮轴加工线班次生产计划

生产计划	凸轮轴型号				
	481F-1006010	481FB-1006010	481H-1006010	481F-1006035	481H-1006030
凸轮轴编号	A	B	C	D	E
数量	70	50	40	50	30

表 2-11　凸轮轴加工线组成及加工时间

工位	机器数	工艺描述	加工时间/s				
			A	B	C	D	E
1	3	加工凸轮轴两端面	54	61	67	73	85
2	4	粗精车凸轮轴外圆	147	197	178	166	154
3	2	两端面钻孔	15	33	27	21	40

第 2 章 多级混合流水部件加工线调度研究

续表

工位	机器数	工艺描述	加工时间/s				
			A	B	C	D	E
4	1	磨5个主轴颈	95	71	83	89	71
5	2	磨止推面与轴颈端面	46	52	40	33	27
6	1	精铣键槽	21	40	33	25	21
7	3	粗磨、精磨凸轮	71	108	95	102	77
8	1	磁粉探伤	58	64	71	95	83
9	1	凸轮抛光	27	21	15	33	40
10	1	清洗工件	52	27	46	40	21
11	1	工件测量	33	27	21	40	52
12	1	工件打号	46	21	27	21	46
13	2	压装信号轮	21	40	33	46	27

表2-12 计算结果

序号	A 企业目前加工组织方式		混流加工		加工时间缩短比例
	加工序列	完工时间/s	加工序列	完工时间/s	
1	70A-40C-50B-50D-30E	21 294	AAAAAAAAAD DDEEEEEEEEEE EEEAAAAAADDE DAEEEEDEEEAAE CCCAACDCACACC CADEDEDDCDDD CCCDBBBBBBBB DBBCCCDDBDDBD BDDDBBBBAADD ADCDAAADCC	20 691	2.83%
2	70A-40C-50B-30E-50D	21 278			2.76%
3	70A-50B-40C-50D-30E	21 245			2.61%
4	70A-50B-40C-30E-50D	21 241			2.59%
5	50B-70A-40C-50D-30E	21 452			3.55%
6	50B-70A-40C-30E-50D	21 448			3.53%

第 2 章 多级混合流水部件加工线调度研究

续表

序号	A 企业目前加工组织方式		混流加工		加工时间缩短比例
	加工序列	完工时间/s	加工序列	完工时间/s	
7	50B - 70A - 50D - 40C - 30E	21 176	EDCDCCCDCCA		2.29%
8	50B - 40C - 70A - 50D - 30E	21 440	DCDECCEDDAAC EBBBBBBBAADBB		3.49%
9	50B - 40C - 70A - 30E - 50D	21 393	DDCDDDDBCBCD BCCDBABBBAABA		3.28%
10	50B - 50D - 70A - 40C - 30E	21 161	AAAABABBAABBB		2.22%
11	40C - 70A - 50B - 50D - 30E	21 428	AAAACAABBACCC CBCDAAABBAAAA		3.44%
12	40C - 70A - 50B - 30E - 50D	21 434	BAABAAAAAAA		3.47%

续表

序号	A 企业目前加工组织方式		混流加工		加工时间缩短比例
	加工序列	完工时间/s	加工序列	完工时间/s	
13	40C - 50B - 70A - 50D - 30E	21 376			3.20%
14	40C - 50B - 70A - 30E - 50D	21 337			3.03%
15	50D - 70A - 50B - 40C - 30E	21 167			2.25%
16	50D - 50B - 70A - 40C - 30E	21 169			2.26%
17	50D - 40C - 70A - 50B - 30E	21 194			2.37%
18	30E - 70A - 40C - 50B - 50D	21 144			2.14%

续表

序号	A 企业目前加工组织方式		混流加工		加工时间缩短比例
	加工序列	完工时间/s	加工序列	完工时间/s	
19	30E-50B-70A-40C-50D	21 137			2.16%
20	30E-40C-70A-50B-50D	21 147			2.11%

从表 2-12 可以看出,对凸轮轴加工线,相对于 A 企业发动机公司目前的不完全混流的生产组织方式,如果采用完全混流加工的生产组织方式,采用本书提出的混合算法进行排序求解,最多可以缩短加工时间 3.55%,CPU 计算时间是 4 126 s。若采用最小生产集合的方式组织生产,重复生产最小生产集合(A,A,A,E,E,A,D,C,C,B,D,A,C,B,A,E,C,B,D,D,D,A,B,B)10 次,所得的结

果也是 20 691 s,与采用完全混流的方式的结果相同,但是 CPU 计算时间仅需要 432 s,优化效率有显著提高。

2.5.4 曲轴加工线

曲轴加工线加工的曲轴型号共有 2 种,分别为 481H-1005011 和 484J-1005011。班次生产能力为 210 件。该条加工线共有 16 个工位,每个工位上的机器数不同,相邻两工位间存在不同数量的有限中间缓冲区,缓冲区的容量分别为 3,1,2,2,1,2,3,3,1,1,2,1,1,2,1。该加工线班次生产计划如表 2-13 所示,各工位对不同型号部件的加工时间如表 2-14 所示。按照目前 A 企业发动机公司采用的是不完全混流排序的方法安排每班的加工任务,2 种型号的曲轴总共有 2 种排列顺序,表 2-15 列出了每种排列的计算结果,同时也给出了采用完全混流生产的方式,采用本书提出的混合算法运行 20 次的最优结果。

表 2-13 曲轴加工线班次生产计划

生产计划	曲轴型号	
	481H-1005011	484J-1005011
曲轴编号	A	B
计划数量	100	110

第 2 章 多级混合流水部件加工线调度研究

表 2-14 曲轴加工线组成及加工时间

工位	机器数	工艺描述	加工时间/s A	加工时间/s B
1	1	铣面、钻中心孔	88	109
2	3	车削各主轴颈	272	238
3	1	铣削各连杆颈	90	102
4	2	钻油道孔	116	104
5	1	淬火	82	106
6	1	回火	84	95
7	1	滚压各轴颈	102	88
8	1	精车止推面	75	96
9	2	磨主轴颈	80	108
10	2	磨连杆颈	109	82
11	1	钻螺纹孔	86	68
12	1	磨前油封	82	72
13	1	磨后油封法兰	87	75
14	1	钻平衡孔	95	82
15	1	清洗	61	75
16	1	终检测量	48	78

表 2-15 计算结果

序号	A 企业目前加工组织方式		混流加工		加工时间缩短比例
	加工序列	完工时间/s	加工序列	完工时间/s	
1	100A-110B	23 105	BAABBBAAABAB BBBBAABBAAABA AABBBBBBBABAA ABAABABAAABA ABBBBBABABAAB BAABAAABAAAB AAAABAAABBAA BBBBBAAABBABA AABAABABAABA AABBB	22 260	3.66%

第2章 多级混合流水部件加工线调度研究

续表

序号	A企业目前加工组织方式		混流加工		加工时间缩短比例
	加工序列	完工时间/s	加工序列	完工时间/s	
2	110B-100A	23 646	BBBABABABBAA BABBAABBAABBA BABAAABBAABAB ABAABABABBAAB BABABAABBABAB BBAABAAAABBBB BBBBBBBBBBBBBBB A		5.86%

从表2-15可以看出,对曲轴加工线,相对于A企业发动机公司目前的不完全混流的生产组织方式,如果采用完全混流加工的生产组织方式,采用本章提出的混合算法进行排序求解,可以缩短

总加工时间 3.66%~5.86%,CPU 计算时间为 3 629 s。若采用最小生产集合的方式组织生产,重复生产最小生产集合(A,A,A,A,B,B,B,A,A,A,B,A,A,B,B,B,B,B,B,A)10 次,所得的结果也是 22 260 s,与采用完全混流的方式的结果完全,但是 CPU 计算时间仅需要 473 s,优化效率有显著提高。

2.6 小结

以最小化最大完工时间为优化目标,本章采用基于遗传算法和模拟退火算法的混合算法求解了带有限中间缓冲区的多级混合流水部件加工线的优化调度问题。在该算法中,采用启发式和随机相结合的方式产生初始解种群,并结合问题本身特点对选择、交叉和变异算子进行了设计。通过遗传算法和模拟退火算法的混合,克服了各自单一算法的不足,平衡了算法广泛性搜索和集中性搜索的能力。通过与近年发表的文献中的结果进行比较,验证了该算法的有效性和优越性。然后,按照 A 企业发动机公司各条部件加工线实际构成,应用该公司真实的数据,分别对缸盖、缸体、凸轮轴和曲轴加工线的班次加工计划进行了优化调度,优化结果均优于该公司目前采用调度方法的结果。

第 3 章 混流装配线多目标优化排序方法

3.1 混流装配线的产生和应用

20 世纪初,Henry Ford 创立了汽车工业的流水生产线,引起了制造业的一个根本性变革,由此掀开了流水生产的序幕。在随后的近一个世纪中,无论在制造业中,还是在服务行业中,流水生产方式都取得了非常广泛的应用,流水生产无论在内容上,还是在形式上都在不断地发展。

20 世纪 80 年代出现的"准时制"生产方式,使流水生产方式从单一品种流水生产向多品种混合流水生产发展。单一品种流水生产方式考虑的主要问题是生产效率的不断提高,而混合流水组织方式不仅要注重生产效率提高的目标,而且还注重生产与经营一体化的管理思想,是生产组织方式的一大进步。大批量定制技术使流水生产向更具柔性的方向发展。当前,制造业市场竞争的全球化和产品需求的多样化对企业生产提出了更高的要求,这些要求主要包括更多的产品品种,更低的生产成本和更高的产品质量,更短的产品生命周期,多品种混流生产成为一种趋势。

采用混合流水生产系统能够在现有生产设备、生产线组成和生产能力不做大的变动的前提下适应多品种生产需要,通过改变生产组织方式,在一条流水线上进行多品种混流生产。在混流生产线上,不同品种产品各道工序在不同工位上的作业时间往往都不相同,在进行生产计划时,必须优化混流生产的投产序列,即排序问题,以实现生产线平稳、有节奏、按比例的生产。这是混流生产所要首先解决的一个主要问题。

近二三十年来,混流生产线在日、美、欧等发达国家已经被广泛采用,混流生产线上生产的产品通常都是结构和工艺相似,但规格和型号不同的系列产品。混流生产线要求生产系统的柔性更大,能够快速而经济地更换工装夹具,产品的生产批量可以很小,甚至是进行单件生产。因此,混流生产线必须在满足以下条件的前提下才可能进行组织:

(1)生产线能够快速而经济地更换工、模、夹具。

(2)共线生产的多种产品的结构和工艺要标准化和系列化。

(3)要有完善的生产计划体系,能够实现混流生产计划的快速编制。

(4)各个生产环节能够实现快速协调和衔接,从而实现同步化生产。

(5)生产线工人能够掌握多种操作技能。

在混流生产系统中,对于标准化的产品可以进行大批量的生

第3章 混流装配线多目标优化排序方法

产,对于客户定制的非标准产品,也可以进行单件小批量的生产,以满足顾客需求的个性化和多样性。与传统单一品种流水生产线相比,混流生产线具有更高的灵活性。对于多品种小批量的生产,混流生产是一种非常适合的生产组织方式,能够使企业对市场需求做出快速的反应,而又不再依赖于成品的大量库存,可以有效提高企业的快速反应能力,从而实现"只在需要的时候,按需要的量,生产所需的产品"的目标。

为了提高混流生产线的生产效率,采取的方法主要包括两种:一是改善硬件设施,二是对投产序列进行优化。合理改善混流生产线的硬件设施,做好流水生产线的平衡,可以降低生产者的劳动强度以提高生产效率,但是,对于混流生产线的改造的周期较长,而且投资大。因此,当今采用混流生产线的企业更多的是采用对生产序列进行优化的处理方法以提高生产线的生产效率。

混流装配线和经典流水车间都具有工序一致的相似之处,而且排序和调度的结果都可以表示为第一工位的投产序列,但是混流装配线排序问题与经典流水车间调度问题之间的差别还是很大的,特别是在优化目标和考虑问题的重点方面存在较大的不同。混流装配线排序问题的优化目标基本上是与生产和物流的瓶颈问题有关,如部件消耗平顺化和生产负荷均衡化等,而流水车间排序问题考虑的优化目标大多是和完工时间和生产、库存成本有关,如最小化最大完工时间和最小化总的生产成本等。而且,经典流水车间调度问题一般很少考虑生产过程中物料的约束。混流装配过程中所涉及的物料大致可分为三类:第一类是通用件,所有产品均需装配相同型号的零部件;第二类零件是关键件,所有产品无论型号均需要装配此类零件,但是对于不同型号的产品,使用该类零部件的型号可能不同;第三类零件是选装件,不是所有产品都需要装配这类零件。对于通用件,其装配过程不会受到生产序列变化的影响,而且发动机的生产中选装件很少,因此,本书主要考虑关键件。

装配线排序问题按照优化目标的不同主要分为以下两大类:生产负荷均衡排序问题和物料消耗平顺化排序问题。生产负荷均衡的主要目的是通过优化排序使得各工位的生产负荷相当,减少堵塞、等待和停线时间,从而缩短总的完工时间。造成生产负荷不均衡的主要原因是连续装配某种装配时间较长的部件过多,使得相应工位的生产人员在一段时间内工作负荷过重,难以在规定时间内完成装配任务。物料消耗平顺化的目标是使得在生产的各个阶段,各种部件的实际消耗尽可能与该部件的理论消耗一致,以使得各条部件加工线能够平稳、有节奏地进行部件的生产,避免时紧时松甚至出现部件供应不及时的情况发生,进而保证整个混流生产系统生产的稳定性,并且能够减少在制品库存。

在对混流装配线排序问题的研究中,最小生产集合(Minimum Part Set,MPS)是一种广泛采用的策略,MPS 是一个产品型号的组合,表示为 $(d_1,\cdots,d_M)=(D_1/h,\cdots,D_M/h)$,$M$ 是产品型号的总数,D_M 是整个调度区间内型号为 M 的产品总的需求量,h 是 D_1,$D_2,\cdots,D_M$ 的最大公约数。这种策略采用循环生产的方式组织生产,显然,h 次重复生产 MPS 中的产品就能满足整个调度区间内生产计划的需求。

本章研究的对象是相邻工位间带有限中间缓冲区的混流装配

第3章 混流装配线多目标优化排序方法

线,在这种生产线中,当一个工位完成装配操作后,如果该工位的紧后缓冲区已满,则该产品只能在该工位上等待,直到下一个工位空闲或紧后缓冲区中有空闲位置为止。如果生产排序不当,将多个需要较长装配时间的产品连续排在一起,就会造成某些工位堵塞,而有些工位处于等待任务的状态,从而造成最大完工时间的延长。目前,很少有研究者同时考虑部件消耗平顺化和最小化最大完工时间两个目标,对带有限中间缓冲区的混流装配线的优化排序问题进行过研究。本章对该类问题展开研究,建立各目标的优化数学模型,针对该多目标优化问题,提出一种多目标遗传算法对该问题进行求解。

3.2 混流装配线的布置

生产线布置就是指在企业内部对各生产设备和辅助设施的相对位置和面积进行合理安排,在装配线内部对各台生产设备的相对位置进行合理布置。做好生产设施布置优化,首先要确定生产单位的构成,并要确定各生产单位采用的专业化形式。

3.2.1 影响生产单位构成的因素

1. 产品的结构和工艺特点

企业生产的产品结构不同,要求设置不同的生产车间,如生产机电产品的企业,生产单位可由毛坯车间、零部件加工车间和产品装配车间组成;流程式的化工企业要求严格按照工艺流程的阶段组成相应的生产车间。即使是生产同类型的产品,但不同企业的工艺特点不尽相同,如齿轮厂的毛坯,可以采用模锻的工艺制造,也可以采用精密铸造的工艺制造,因而,根据企业的工艺特点可以相应地设置锻造车间或铸造车间,或者两种工艺车间同时设置。

2. 企业的专业化与协作化水平

企业的专业化形式不同,企业内部生产单位的设置存在较大差异。采用产品专业化的制造企业,如汽车制造企业,要求企业内部设置较为完整的生产单位,通常设置有毛坯车间、零部件加工车间、热处理车间、产品装配车间。采用零件专业化的制造企业,如车轮厂,通常可不设置产品装配车间。采用工艺专业化的制造企业,如摩托装配厂,通常只设置相应工艺阶段的车间,只有部件装配车间、产品总装车间等。

随着社会分工的进一步细化,制造企业的专业化程度日渐提高,有大量的外协件需要其他企业协作生产,企业采用业务外包的方式组织优势制造资源,既可以减少企业自身的制造活动,又可以提高生产效率,进一步降低成本,同时,协作化程度越高,则企业内部的生产单位组成越简单。

3. 企业的生产规模

企业的生产规模是指劳动力和生产资料在企业集中的程度,一般来说,制造企业规模越大,生产单位就会越多。大型制造企业的车间规模大,为了便于管理,同类性质的生产车间通常可以设置多个,如零部件加工一车间,零部件加工二车间等;对于中小型企业,如果生产规模较小,则可将零部件加工与产品装配设置在同一个车间。

3.2.2 生产单位的专业化原则和形式

1. 工艺专业化原则

工艺生产化原则(Process Focused)是指企业根据加工工艺专业化特征设置生产单位，形成工艺专业化车间。工艺专业化形式的生产单位内集中了完成相同工艺的设备和工人，便于同行之间进行技术交流以提高工作质量，可以完成不同产品上相同工艺内容的加工，如零部件加工车间、锻造车间、车工车间、铣工车间等生产单位。工艺专业化生产单位具有对产品品种变化适应能力强、生产系统可靠性高、工艺管理方便的优点，但由于完成整个生产过程需要跨越多个生产单位，因而也有加工路线长、运输量大、运输成本高、生产周期长、组织管理工作复杂等特点，而且由于变换品种时需要重新调整设备，因而耗费的非生产时间较多，生产效率低。

2. 对象专业化原则

对象专业化原则(Product Focused)是指企业根据产品建立生产单位。对象专业化形式的生产单位内集中了完成同一产品生产所需的设备、工艺装备和工人，可以完成相同产品的全部或大部分的加工任务，如汽车制造厂的发动机车间、曲轴车间等生产单位。对象专业化生产单位便于采用高效专用设备组织连续流水作业，可缩短运输路线、减少运输费用，有利于提高生产效率、缩短生产周期，同时还简化了生产管理，但是对象专业化生产单位只固定了生产一种或很少几种产品的设备，因而对产品品种变化的适应能力很差。

事实上,任何企业,特别是中小制造企业,单纯按工艺专业化形式或对象专业化形式布置的较少,常常是同时采用两种专业化形式进行设施布置。工艺专业化原则适用于单件小批量的生产,对象专业化原则适用于大量大批生产。

3.2.3 生产设施布置的原则

(1)车间的布置要能尽量避免互相交叉和迂回运输,以缩短产品生产周期,节省生产费用。

(2)联系紧密的单位在布置应尽量相互靠近。例如,零部件加工和产品装配车间应该尽量布置在相近的位置上。

(3)充分利用现有的运输条件和供电、供水等公共基础设施,如仓库的布置时尽量离公路、铁路、港口等近一些等。

(4)根据生产单位的性质以及安全、防火等要求,合理划分厂区,如生活区、办公区、零部件加工区、产品装配区、动力设施区等。尽量把居民生活区应设在上风区,以减少的污染,

(5)企业在进行初始布置时,应考虑有适当的扩建的余地。

3.2.4 几种典型的布置形式

固定式布置(Fixed Position Layout):是指被加工对象位置不动,生产工人和设备都随着加工的进程不断向被加工对象转移。大型产品的加工、装配过程适于采用这种布置形式。由于被加工对象体积庞大,重量很大,不容易移动,因此保持被加工对象位置不动,将工作地按生产产品的要求来布置。例如,大型飞机、船舶、重型机床等。对于这样的项目,一旦基本结构确定下来,其他一切

第3章 混流装配线多目标优化排序方法

的功能都围绕着产品而固定下来,如机器、操作人员、装配工具等。

按产品布置(Product Layout):就是按对象专业化原则布置有关机器和设施。最常见的如流水生产线或产品装配线。

按工艺过程布置(Process Layout):就是按照工艺专业化原则将同类机器集中在一起,完成相同工艺加工任务。

按成组制造单元布置(Layout Based on Group Technology)的基本原理是,首先根据一定的标准将结构和工艺相似的零件组成一个零件族,确定出零件族的典型工艺流程,然后根据典型工艺流程的选择加工设备和操作工人,由这些设备和工人组成一个生产单元。成组生产单元与对象专业化形式十分类似,因而也具有对象专业化形式的优点。但成组生产单元更适合于多品种的批量生产,因而又比对象专业化形式具有更高的柔性,是一种适合多品种中小批量生产的理想生产方式。

在实际生产中,一般都会综合运用上述几种形式,针对不同的零件品种数和生产批量选择不同的生产布置形式。

3.2.5 几种设施布置优化的方法

1. 作业相关图法

作业相关图法是由穆德最早提出的,它是根据企业各个生产单位之间的活动关系密切程度布置其相互位置。首先,将生产单位之间关系密切程度划分为 A,E,I,O,U,X 6个等级,意义如表3-1所示。然后,列出导致各生产单位不同关系密切程度的原因,如表3-2所示。使用这两种资料,将待布置的各生产单位一一确定出相互关系,根据相互关系重要程度,按重要等级高的部门相邻布置的原则,安排出最合理的布置方案。

表3-1 关系密切程度分类表

代号	密切程度	代号	密切程度
A	绝对重要	O	一般
E	特别重要	U	不重要
I	重要	X	不予考虑

表3-2 关系密切原因

代号	关系密切原因	代号	关系密切原因
1	使用共同的原始记录	6	工作流程连续
2	共用人员	7	做类似的工作
3	共用场地	8	共用设备
4	人员接触频繁	9	其他
5	文件交换频繁		

第3章 混流装配线多目标优化排序方法

利用作业相关图法进行设施布置优化决策的步骤如下:

Step1:根据关系密切程度,画出各生产单位的作业相关图。

Step2:列出所有具有 A 和 X 关系生产单位列表。

Step3:根据列表编制主联系族。原则是从关系 A 出现最多的生产单位开始,首先确定该生产单位,然后将与该生产单位的关系密切程度为 A 的生产单位一一联系在一起。

Step4:考虑其他关系为 A 的生产单位,如能加在主联系族上就尽量加上去;否则,画出分离的子联系族。

Step5:画出 X 关系联系图。

Step6:根据上述联系族图和可供使用的区域,用实验法优化布置所有生产单位的绝对位置和相对位置。

2. 物料运量图法

物料运量图法是按照生产过程中物料的流向及生产单位之间运输量布置企业各生产单位的相对位置。步骤如下:

Step1:根据原材料、零部件在生产系统中的流向,初步布置各个生产单位的相对位置,绘出初步物流图。

Step2:统计生产单位之间双向的物料流量总和,制定物料运量表。

Step3:按照运量大小进行初始布置,将相互之间运输量大的生产单位尽量安排在相邻位置,并考虑其他因素进行改进和调整。

3. 从……至(from…to)表法

从……至表法是一种比较适合于进行多品种、小批量生产的车间内部各加工设备之间相对位置布置的定量方法。其基本步骤如下:

Step1:选择车间内部加工的典型零件,制定典型零件的工艺路线,确定所用加工设备。

Step2:制定加工设备布置的初始方案,统计出各台设备之间的移动距离。

Step3:确定出零件在各台设备之间的移动次数和单位运量成本。

Step4:用实验法确定最满意的布置方案。

3.3 混流装配线平衡的方法

流水线平衡,又称工序同期化,是对于某流水线在给定节拍下,确定流水线上工作地数量和用工人数最少的方案。采取的方法就是以适当的方式将流水线上若干相邻的工序合并成一个大工序(又称工作地),每个工作地一般情况下安排一名作业人员,并使这些大工序的作业时间接近或等于流水线的节拍。具体步骤如下:

(1)确定流水线节拍 r

$r=$ 计划期有效工作时间/计划期内计划产量

(2)计算流水线上所需要的最少工作地数 S_{min}

$$S_{min} = \left[\frac{\sum T_i}{r}\right]$$

式中,T_i 是第 i 道工序单件作业时间。

(3)组织工作地。

1)保证各工序之间的先后顺序。

2)每个工作地分配到的小工序作业时间之和(T_a),不能大于节拍。

3) 各工作地的作业时间应尽量接近或等于节拍($T_{ei} \to r$)。

4) 应使工作地数目尽量少。

(4) 计算工作地时间损失系数 α,比较选择最优布置方案:

$$\alpha = \frac{S \times r - \sum_{i=1}^{S} T_{ei}}{S \times r}$$

式中,S 是实际布置的工作地数量。

3.4 多目标优化排序数学模型

3.4.1 部件消耗平顺化

考虑最小化产品库存的约束,建立该问题的优化模型如下所示。

Minimize:

$$\sum_{j=1}^{J} \sum_{k=1}^{K} (x_{jk} - k \times N_j / K)^2 \qquad (3-1)$$

Subject to:

$$h_{ik} \in \{0,1\}, \quad \forall i \in I; \ K = 1, \cdots, K \qquad (3-2)$$

$$\sum_{i=1}^{I} h_{ik} = 1, \quad \forall i = 1, \cdots, I \qquad (3-3)$$

$$\sum_{k=1}^{K} h_{ik} =_i - t_i, \quad \forall i \in I \qquad (3-4)$$

$$y_{ik} = \sum_{k^*=1}^{k} h_{ik^*}, \quad \forall k, \cdots, K \qquad (3-5)$$

$$x_{jk} = \sum_{i=1}^{I} y_{ik} \times b_{ij} \qquad (3-6)$$

$$N_j = \sum_{i=1}^{I}(d_i - t_i) \times b_{ij} \qquad (3-7)$$

式中，x_{jk} 为完成装配线装配序列中第 1 到第 k 个产品装配需要部件 j 的数量；N_j 为装配完装配线生产序列中所有产品需要部件 j 的总数量；d_i 为型号为 i 的产品的订单需求数量；t_i 是型号为 i 的产品超过安全库存的多余库存量；h_{ik} 是一个二值变量，如果产品 i 被安排在生产序列的第 k 个位置进行生产，则为 1，否则为 0；y_{ik} 表示生产序列的前 k 个产品中产品 i 的数量；b_{ij} 为装配一件型号为 i 的产品需要部件 j 的数量。如果部件 j 的消耗是均匀的，那么，当完成装配序列中第 k 件产品后，部件 j 消耗的数量应该等于 $(k \times N_j / K)$。但是，现实中并不可能总是能够保证部件 j 的实际消耗量与之相等。所以，该优化目标就是尽可能使得当完成装配序列中第 k 件产品后，部件 j 实际消耗的数量 x_{jk} 尽可能地与 $(k \times N_j / K)$ 接近。

3.4.2 最小化最大完工时间

该目标的优化数学模型如下所示。

Minimize：
$$S_{P(T)M} + A_{P(T)M} \qquad (3-8)$$

Subject to：
$$S_{P(1)} = 0 \qquad (3-9)$$

$$S_{P(1)m} = S_{P(1)m-1} + A_{P(1)m1}, m = 2, 3, \cdots, M \qquad (3-10)$$

$$S_{P(t)m} = \max\{S_{P(t)m-1} + A_{P(t)m-1}, S_{P(t-1)m} + A_{P(t-1)m}\},$$
$$t = 2, 3, \cdots, B_{m+1} + 1 \qquad (3-11)$$

$$S_{P(t)m} = \max\{S_{P(t)m-1} + A_{P(t)m-1}, S_{P(t-1)m} + A_{P(t-1)m},$$
$$S_{P(t-B_{m+1}-1)m+1}\}, \qquad (3-12)$$

其中,$S_{P(T)M}$ 和 $A_{P(T)M}$ 分别为最后一件产品 $P(T)$ 在最后一个工位 M 上开始装配的时间和所需的装配时间。B_m 为工位 m 和工位 $m-1$ 之间的缓冲区容量。

3.5 多目标优化问题与方法简述

19 世纪末期,法国经济学家 Pareto 最早提出多目标优化问题。1927 年 Hausdorff[223] 关于有序空间理论的研究,为多目标优化问题的发展奠定了理论基础。此后,多目标优化问题成为各个领域的一个研究热点,涌现出许多多目标优化理论与优化方法。

3.5.1 多目标优化问题的基本概念

求解多目标优化问题(Multi-Objective Optimization Problem,MOOP)就是要求得一个满足所有约束的决策变量向量,能够使得目标函数向量最优化,而这些目标的量纲往往不同,而且目标之间通常都是互相矛盾的。多目标优化问题的数学描述和基本术语简述如下:

(1)数学描述。由个优化目标、个决策变量和个约束条件组成的多目标优化问题,数学描述如下:

Maximum/Minimize:
$$y = f(x) = (f_1(x), f_2(x), \cdots, f_k(x)) \qquad (3-13)$$
Subject to:

$$e(x)=(e_1(x),e_2(x),\cdots,e_m(x))\leqslant 0 \quad (3-14)$$

其中：

$$x=(x_1,x_2,\cdots,x_n)\in X \quad (3-15)$$

$$y=(y_1,y_2,\cdots,y_k)\in Y \quad (3-16)$$

式中，x 是决策向量；y 是目标向量；X 表示决策空间；Y 表示目标空间，约束条件 $e(x)\leqslant 0$ 限定各个决策变量的取值范围。

由于多目标优化问题中各个目标之间的矛盾性，往往很难找到使所有目标同时达到最优的解，因此，在求解过程中，只能要对各个目标进行折中处理，尽量使各个目标值能为决策者所接受。

(2) 可行解集。可行解集就是满足式(3-14)中约束条件 $e(x)$ 的决策向量 x 的集合，即

$$X_f=\{x\in X \mid e(x)\leqslant 0\} \quad (3-17)$$

X_f 的可行区域所对应的目标空间：

$$Y_f=f(x_f)=Y_{x\in X_f}\{f(x)\} \quad (3-18)$$

(3) Pareto 支配关系。对于单目标优化问题，解的优劣的比较可以通过比较个体目标函数值的大小来确定。但是，对于多目标优化问题，由于多个目标函数的存在，而且目标之间的矛盾性，因此对可行解集中各个解的优劣关系的比较与排序，就不能够再利用传统的大于、小于、等于、大于等于和小于等于的关系来简单确定了。为此，为了能够确定多目标优化问题可行解之间的优劣关系和程度，不失一般性，对于最小化优化问题，特将多目标优化问题可行解之间非常重要的支配关系定义如下。对于任意两个决策向量 $a,b\in X_f$：

1) 支配(dominate)b：

第3章 混流装配线多目标优化排序方法

如果
$$f_i(\boldsymbol{a}) \leqslant f_i(\boldsymbol{b}), \forall i = \{1, 2, \cdots, k\} \quad (3-19)$$
且
$$f_i(\boldsymbol{a}) < f_i(\boldsymbol{b}), \exists i = \{1, 2, \cdots, k\} \quad (3-20)$$
则称 $\boldsymbol{a}$ 支配 $\boldsymbol{b}$,记为 $a \prec b$。

2) $\boldsymbol{a}$ 无差别于 $\boldsymbol{b}$:如果 $\boldsymbol{a} \not\prec \boldsymbol{b}$ 且 $\boldsymbol{b} \not\prec \boldsymbol{a}$,则称 $\boldsymbol{a}$ 无差别于 $\boldsymbol{b}$,记为 $\boldsymbol{a} \sim \boldsymbol{b}$。

(4) Pareto 最优解。决策向量 $\boldsymbol{x} \in X_f$,如果
$$\nexists \boldsymbol{a} \in X_f : f(\boldsymbol{a}) < f(\boldsymbol{x}) \quad (3-21)$$
则称 $\boldsymbol{x}$ 为 Pareto 最优解,又称为非劣解、非支配解。如果 $\boldsymbol{x}$ 为 Pareto 最优解,则对 $\boldsymbol{x}$ 任何一个目标值改进必然是以削弱至少一个其他目标函数值为代价的。

单目标优化问题的优化结果通常只有一个,而多目标优化问题的解往往都是多个,这些能组成一个非支配解集。对于实际应用问题,一般根据对问题的了解程度和决策人员的个人偏好,从多目标优化问题的 Pareto 最优解集中挑选出一个解作为所求多目标优化问题的最优解,来满足实际生产的需要。

3.5.2 多目标优化方法

多目标优化方法总体上可以分成两类:一类是传统多目标优化方法;另一类是多目标进化算法。传统多目标优化方法在进行优化时一般是直接将多个目标合并为一个目标再进行处理,或者是每次在进行优化时只考虑一个目标,而把其他的优化目标作为约束。传统方法主要包括以下几种:加权和方法、最小-最大法、层

次分析法、字典排序法、目标规划法、ε-约束法以及多属性效用理论等。在采用这些方法求解时往往需要根据优化问题的先验知识提前确定合适的算法参数,并且只能得到一个优化结果,为了获得更多的优化结果,则需要多次调整算法参数、多次运行,由于各次运行过程的独立性,因此得到的优化结果往往并不相同,给管理者的决策工作增加了难度。

多目标进化算法主要是在求解多目标优化问题时引入不同的进化算法。多目标进化算法是基于种群的并行搜索技术,每一次优化可以得到一个非支配解集,在一次运行中可以求出优化问题的多个非支配解甚至全部非支配解,因此,进化算法比较适合于多目标问题的求解。1985 年,Schaffer[224]提出了第一个多目标进化算法——向量评估遗传算法(Vector Evaluated Genetic Algorithm,VEGA)。之后,研究者采用不同的适应值分配策略、选择策略、多样性保持策略、精英策略、约束条件处理策略等对简单进化算法进行改进,提出了不同的多目标进化算法。比较有代表性的有:1994 年 Horn 等[225]提出的小生镜 Pareto 遗传算法(Niched Pareto Genetic Algorithm,NPGA),1994 年 Srinivas 和 Deb[226]设计的非支配排序遗传算法(Nondominated Sorting Genetic Algorithm,NSGA),1999 年 Zitzler 和 Thiele[227]提出的增强 Pareto 进化算法(Strength Pareto Evolutionary Algorithm,SPEA)、2001 年 Zitzler 等[228]改进 SPEA 后提出的 SPEA2,2002 年 Deb 等[229]改进了 NSGA,提出的 NSGA-Ⅱ。对以上几种算法的执行流程以及各自优缺点的详细介绍,可以参考文献[230]。

多目标优化得到的 Pareto 非支配解集中个体的个数一般都是

多个。在实际应用中,如何对多个非支配解进行评价,以确定一个满意的折中解是多目标优化的关键技术之一,也就是如何确定优化与决策的先后顺序问题。目前主要有三种处理方式:决策先于优化、决策与优化交替以及优化先于决策。传统的多目标优化方法采用的主要是决策先于优化的方式,采用这种方式,决策者在优化以前要给每个目标赋予一定的权值,然后将多个优化目标加权成单个优化目标进行优化。决策与优化交替进行的方式使用较少,采用这种方式时,决策者需要根据得到优化结果不断地调整优化参数以引导算法的继续运行。目前,在采用多目标进化算法进行优化时,更多采用的是优化先于决策的方式,采用这种方式,事先不需要决策者的偏好信息,而是先求出多目标问题的非支配解集,然后由决策者按照一定的决策方法从非支配解集中选出符合要求的解。

在进行多目标优化算法设计时,必须考虑以下两个关键问题:

(1)如何设计适应度值分配策略来比较解的优劣,以及采用何种策略以使得获得的非支配解前沿与Pareto最优前沿之间的距离最短。

(2)如何保持群体的多样性,避免算法早熟收敛以获得均匀分布且范围最广的非支配解集。

3.6 基于多目标遗传算法求解混流装配线排序问题

混流装配线多目标优化排序问题是多目标组合优化问题,属于典型的NP问题,多个优化目标的量纲不同,对此问题可以采用加权法或归一化处理的方法将该问题变为单目标优化问题,采用启发式算法进行求解,但是存在权重难以确定的问题,而且所求结果只有一个,没有其他可选的方案。本章采用多目标遗传算法对该问题进行求解,可以获得较多的优化候选解供决策者选择,在此算法中提出一种新的评价函数,保证非支配解的分布性和均匀性,并对选择、交叉和变异算子以及精英保留策略进行设计,同时采用第 2 章提出的 GASA 混合算法分别对部件消耗平顺化目标和最小化最大完工时间目标进行单目标优化,并把多目标遗传算法的结果分别与单目标优化结果进行比较,证明该算法的可行性和有效性。

3.6.1 多目标遗传算法步骤

多目标遗传算法步骤如下,算法流程图如图 3-1 所示。

Step1:产生初始种群 $Pop(0)$,种群规模为 Mogasize,令进化代数 $g=0$。

Step2:对初始种群 $Pop(g)$ 中的个体进行 Pareto 排序,将排序级别为 1 的个体加入非支配解集 $NDSet$ 中,非支配解集规模为 $Nmoga$,初始为空,当 $NDSet$ 中个体的数量超过 $Nmoga$ 时,要对其进行修剪。

Step3:计算种群 $Pop(g)$ 中各个体的小生境计数。

Step4:计算种群 $Pop(g)$ 中各个体的适应度值。

Step5:进行选择操作。

Step6:进行交叉操作。

Step7:进行变异操作。

第 3 章 混流装配线多目标优化排序方法

Step8：保留精英个体。

Step9：$g=g+1$，如果 $g>G$，则输出 $NDSet$ 中所有的非支配解；否则，转 Step2。

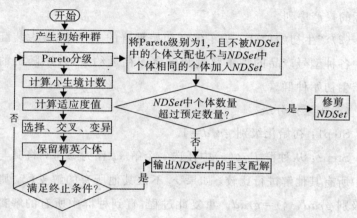

图 3-1 多目标遗传算法流程图

3.6.2 算法关键步骤实现

（1）可行解的表达。对于混流装配线，一个可行的投产序列是由不同的产品型号组成，考虑生产计划需求和库存约束，提出下述两阶段整数编码的方法用于可行解的表达。

Step1：用一个唯一的整数代替一种型号的产品，考虑装配计划中各型号产品的需求约束，随机产生一个混流装配线可行的临时投产序列。

Step2：根据各产品多余的库存量，对上述临时投产序列进行调整，对于每种产品，如果多余库存量超过临时投产序列中该种产品的计划数量,则从该投产序列中删除所有该种产品,否则,在临时投产序列中从前往后依次删除与多余库存量相同数量的该种产品,则临时投产序列中剩下的各产品型号的组合即为混流装配线实际的投产序列。

(2)产生初始种群。为了保证初始种群的多样性,考虑装配计划中各种型号产品的需求数量和多余库存量约束,采用随机的方式产生初始种群。

(3)帕累托分级。

Step1:初始化级别 $grad=1$。

Step2:从种群 $Pop(g)$ 中任选一个解 x_q 作为参考,将其与种群中所有其他解进行比较,如果 x_q 不被其他所有的解支配,则令其级别 $grad(x_q)=grad$。重复此过程,直到种群中所有的解都被选择作为参考解为止。

Step3:删除所有级别为 $grad$ 的个体。

Step4:如果种群中还有没有被确定级别的个体,则令 $grad=grad+1$,转 Step2。

(4)修剪。经过帕累托分级,将每个级别为 1 的个体与 $NDSet$ 中的所有个体进行比较,如果该个体不被 $NDSet$ 中的任何个体支配,且不与 $NDSet$ 中的任何个体相同,则将该个体加入 $NDSet$。但是,当 $NDSet$ 中的个体数量超过设定值 $Nmoga$ 时,则要对 $NDSet$ 进行修剪。因为 $NDSet$ 中的个体之间互相都不被支配,所以,需要计算每个个体的小生境计数(计算方法见 3.6.2—(5))以判定各个个体的优劣,选择具有最大小生境计数的个体,并将其从 $NDSet$ 中删除,如果有多个个体具有相同的小生境计数,则从中随机选择一个并删除,重复此过程,直至 NDSet 中个体的数量等于设定值 Nmoga。

(5)小生境计数。

Step1:计算种群 $Pop(g)$ 中各个体的目标函数值。

Step2:计算个体 x_a 和 x_b 之间的距离 fd_{ab}。

$$fd_{ab} = |f_1(x_a) - f_1(x_b)| + |f_2(x_a) - f_2(x_b)| \quad (3-22)$$

式中,$f_1(x_a)$,$f_1(x_b)$ 分别是个体 x_a 和 x_b 的第一个目标函数值,$f_2(x_a)$,$f_2(x_b)$ 分别是个体 x_a 和 x_b 的第二个目标函数值。

Step3:计算共享函数值 $sh(fd_{ab})$。

$$sh(fd_{ab}) = \begin{cases} 1 - fd_{ab}/O_s, & fd_{ab} \leqslant O_s \\ 0, & 其他 \end{cases} \quad (3-23)$$

式中,O_s 是共享参数。

Step4:计算小生境计数 $N(a)$。

$$N(a) = \sum_{b=1}^{Mogasize} sh(fd_{ab}) \quad (3-24)$$

(6)适应度值。为了保证种群中个体的质量和较好的分布性,应该使具有较小帕累托级别值和较小小生境计数的个体获得较高的适应度值,按如下公式计算个体适应度值 $f(indi)$

$$f(indi) = 2 \times Popsize - rank(indi) - N(indi) \quad (3-25)$$

(7)选择操作。为使具有较高适应度值的个体具有较高的概率被选择进入下一代种群,同时又要保持种群的多样性,采用下述选择策略以形成下一代种群。

Step1:根据个体的适应度值,对各个体进行降序排序。

Step2:按照适应度值从高到低的顺序,选择一定数量的优良个体直接进入下一代种群,选择个体的数量由事先设定的相对于种群大小的比例值 P_s 控制。

Step3:对于每一个未被选中的 $Mogasize \times (1-P_s)$ 个个体,随机产生一个新个体,如果新个体支配该未被选中的个体,则将新个体加入下一代种群,如果在连续 10 次循环中都不能找到该支配解,则也将该未被选中的个体直接加入下一代种群。

(8)交叉、变异操作。应用改进的顺序交叉算子(modOX)来对按照交叉概率 P_c 选择的两个父本个体进行交叉操作,然后从两个子代个体和两个父代个体中根据适应度值选择两个最优个体代替种群中的两个父本个体。对按照变异概率 P_m 选择的个体进行变异操作时,采用倒序变异算子(INV),也就是先在个体序列中任选两个不同的基因位置,然后对位于这两个位置(含这两个位置)之间的基因进行倒序。

(9)精英策略。为避免丢失优良个体,在算法的每一代循环中,都要用 $NDSet$ 中的个体替换经过 3.6.1—Step5 之后形成的临时种群 $P'(g)$ 中的劣解,步骤如下:

Step1:采用 3.6.2—(3)中叙述的帕累托分级方法,对 $P'(g)$ 中的个体进行分级。

Step2:选择 $NDSet$ 中的第一个个体作为参考,按照帕累托级别值最高到最低的顺序,将其与 $P'(g)$ 中的个体进行比较,如果能找到被该个体支配的解,则用该个体替换 $P'(g)$ 中第一个被支配的解,否则,选择 $NDSet$ 中的下一个个体作为参考重复此操作,直到 $NDSet$ 中的个体都被选择作为参考为止。

3.7 计算实验结果与分析

以 A 企业发动机公司某一个班次的装配计划为例,需要装配的产品型号共有 5 种,分别为 481F-1000010-1,481H-1000010-1,484F-1000010-1,DA2-0000E01AA 和 DA2-0000E02AA。班次生产能力为 240 件。该条装配线共有 70 个工位,每个工位上只有一台机器,相邻两工位间存在不同数量的有限中间缓冲区,缓冲区的容量分别为 1,2,1,2,1,1,3,1,2,1,1,1,2,1,2,1,1,3,1,2,1,1,1,2,1,2,1,1,3,1,2,1,1,1,2,1,2,1,1,3,1,2,1,1,1,2,1,2,1,1,3,1,2,1,1,1,2,1,2,1,1,3,1,2,1,1,2,1,2。该装配线班次生产计划如表 3-3 所示,产品和 5C 件的消耗对应关系如表 3-4 所示,各工位对不同型号产品的装配时间如表 3-5 和表 3-6 所示。发动机超过安全库存的多余库存量分别为 10,10,10,10,10。本文中的算法采用 C++进行编程,并在 PC 机(Pentium (R) 4,CPU 2.80 GHz,512 MB)上进行了运行实现。

表 3-3 发动机订单需求

型号	发动机				
	481F-1000010-1	481H-1000010-1	484F-1000010-1	DA2-0000E01AA	DA2-0000E02AA
需求量	60	70	40	80	40

表 3-4　发动机型号与相关 5C 件对应表

部件	部件型号	发动机型号				
		481F-1000010-1	481H-1000010-1	484F-1000010-1	DA2-0000E01AA	DA2-0000E02AA
缸体	481H-1002010BA	1	1	0	0	0
	484F-1002010	0	0	1	0	0
	481FC-1002010	0	0	0	1	1

续表

部件	部件型号	发动机型号				
		481F-1000010-1	481H-1000010-1	484F-1000010-1	DA2-0000E01AA	DA2-0000E02AA
缸盖	481F-1003010BA	1	0	1	0	0
	481H-1003010BA	0	1	0	0	0
	481FD-1003010	0	0	0	1	0
	481FB-1003010	0	0	0	0	1
曲轴	481H-1005011	1	1	0	1	0
	484J-1005011	0	0	1	0	1

续表

部件	部件型号	发动机型号				
		481F-1000100-1	481H-1000100-1	484F-1000100-1	DA2-0000E01AA	DA2-0000E02AA
凸轮轴	481F-1006010	1	0	1	1	0
	481FB-1006010	0	0	0	0	1
	481H-1006010	0	1	0	0	0
	481F-1006035	1	0	1	1	1
	481H-1006030	0	1	0	0	0

第3章 混流装配线多目标优化排序方法

表3-5 发动机短发线作业时间表

序号	工序内容	产品型号				
		481F-1000010-1	481H-1000010-1	484F-1000010-1	DA2-0000E01AA	DA2-0000E02AA
1	上缸体	40	55	58	52	45
2	自动打码缸盖加油	19	25	32	29	26
3	拓号	32	47	53	39	36
4	卡环压装	27	31	34	23	19
5	拆连杆盖	79	88	107	90	84
6	装连杆瓦	28	39	43	32	23
7	装活塞连杆	13	17	35	30	21
8	翻转	15	26	29	23	19
9	自动松框架主轴承盖螺栓	29	44	49	39	32
10	装油道丝堵	35	43	23	30	26
11	装主轴上瓦	27	35	41	32	26

混流加工-装配系统运行优化

续表

序号	工序内容	产品型号				
		481F-100001 0-1	481H-100001 0-1	484F-100001 0-1	DA2-0000E01 AA	DA2-0000E02 AA
12	装主轴下瓦	29	36	46	39	32
13	轴瓦加油	8	9	13	12	10
14	曲轴上料	30	35	39	32	26
15	装曲轴	27	32	42	35	29
16	自动涂胶	26	29	32	34	31
17	拧紧主轴承盖、框架螺栓	21	26	30	27	25
18	装连杆、定位销	45	48	55	52	45
19	拧紧连杆盖螺栓,测转动力矩、轴向间隙	27	31	39	35	32
20	装水泵	26	39	42	32	29
21	装机油泵	27	26	35	32	29

第3章 混流装配线多目标优化排序方法

续表

序号	工序内容	产品型号				
		481F-100001O-1	481H-100001O-1	484F-100001O-1	DA2-0000E01AA	DA2-0000E02AA
22	前油封压装机	15	19	19	21	17
23	自动压装后油封	13	19	21	18	15
24	装隔板,装收集器	42	46	57	50	39
25	涂油底壳胶	19	21	23	23	15
26	装油底壳	32	39	46	43	35
27	拧紧油底壳螺栓	14	19	23	16	13
28	复紧螺栓	14	19	22	18	13
29	翻转	18	22	21	17	13
30	试漏	26	28	30	21	19
31	气缸垫,定位销	8	9	11	10	10
32	上缸盖	21	17	19	18	21

续表

序号	工序内容	产品型号				
		481F-1000010-1	481H-1000010-1	484F-1000010-1	DA2-0000E01AA	DA2-0000E02AA
33	上缸盖螺栓	8	10	10	9	8
34	拧紧缸盖螺栓	44	49	52	50	45
35	装摩擦片、半圆件、后罩盖	30	39	46	40	36
36	装惰轮	19	23	29	27	26
37	装正时皮带	31	39	43	36	32
38	紧螺栓	30	34	43	39	26
39	下工装	19	23	27	26	16
40	装气门室罩盖	39	43	48	45	35
41	拧紧气门罩盖螺栓	16	19	23	13	10
42	下线检查	37	46	49	44	40

第3章 混流装配线多目标优化排序方法

表 3-6 发动机长发线作业时间表

序号	工序内容	产品型号				
		481F-1000010-1	481H-1000010-1	484F-1000010-1	DA2-0000E01AA	DA2-0000E02AA
1	门架机械手上料	16	28	36	26	21
2	装堵头装爆震装丝堵	45	57	66	61	50
3	分装调温器总成装金属通风管	55	63	72	67	58
4	装点火线圈装飞轮	44	49	68	61	52
5	拧紧飞轮	39	41	52	48	45
6	飞轮拧紧机	34	43	45	39	31
7	装信号轮装高压导线装适配器	31	34	49	44	39

续表

序号	工序内容	产品型号				
		481F-1000010-1	481H-1000010-1	484F-1000010-1	DA2-0000E01AA	DA2-0000E02AA
8	装机滤总成	55	66	71	59	51
9	发动机冷试	37	44	55	52	46
10	冷试抽油机	44	45	49	46	40
11	装发电机	37	53	55	48	44
12	装空压机	44	49	59	55	52
13	装动力泵	48	53	55	45	44
14	装正时前罩盖上下体	53	58	59	57	52
15	装皮带盘	40	43	53	48	36
16	装惰轮，装涨紧器，拧紧螺栓	32	35	48	46	43
17	上进气管	10	13	17	16	12

第3章 混流装配线多目标优化排序方法

续表

序号	工序内容	产品型号				
		481F-1000010-1	481H-1000010-1	484F-1000010-1	DA2-0000E01AA	DA2-0000E02AA
18	分装进气管	48	52	55	53	48
19	进气管试漏	43	45	55	52	50
20	装进气管垫片	14	21	25	16	13
21	装进气管	48	56	64	52	45
22	装排气管	49	57	71	52	45
23	装通风系统	43	48	55	52	39
24	装机油口盖,贴条形码	51	57	71	53	45
25	装油压开关,拆适配器	50	56	62	52	45
26	装从动盘	42	54	59	52	50
27	装皮带、机油标尺管	53	55	58	52	50

续表

序号	工序内容	产品型号				
		481F-1000010-1	481H-1000010-1	484F-1000010-1	DA2-0000E01AA	DA2-0000E02AA
28	发动机下线	52	57	64	58	55

从表 3-3 可以看出,最小生产集合(**MPS**)是(5,6,3,7,3),10 次循环生产 **MPS** 中的产品就可以满足整个生产计划的需求。运用第 2 章中提出的 GASA 算法分别对部件消耗平顺化和最小化最大完工时间目标进行单目标优化,算法参数同 2.4.3 部分所述,优化结果分别如表 3-7 和表 3-8 所示。

表 3-7 部件消耗平顺化单目标优化结果

生产序列	部件消耗平顺化目标函数值/s	CPU 时间
4231425112 5444324123 4251	60.1528	984 s

第3章 混流装配线多目标优化排序方法

表3-8 最小化最大完工时间单目标优化结果

生产序列	最小化最大完工时间目标函数值/s	CPU 时间
5533344422 2444412221 1151	4 545	1 023 s

运用本章提出的多目标遗传算法(MOGA)进行多目标优化,经过算法参数敏感性计算试验,选择的 MOGA 参数如下:$Mogasize=50, G=50, P_c=0.95, P_m=0.08, N=10, O_s=20, P_s=0.8$。表3-9和表3-10列出了采用完全混流生产的方式,采用本文提出的多目标算法的优化结果。其中表3-9是包含最优第一目标函数值的非支配解集,CPU 计算时间为642 s;表3-10是包含最优第二目标函数值的非支配解集,CPU 计算时间是673 s。

表3-9 多目标优化结果(包含最优第一目标值)

序号	生产序列	第一目标值	第二目标值/s
1	42314251334242541 2442151	98.402 8	4 649
2	43224151415241324 4215324	55.319 4	5 009
3	15423424213324421 5414251	80.569 4	4 687

续表

序号	生产序列	第一目标值	第二目标值/s
4	143243324425214244521151	173.986 1	4 564
5	152432141452332442442151	80.402 8	4 743
6	144252313324245412442151	109.319 4	4 624
7	145241423325412432442151	64.486 1	4 838
8	434233244214244522511151	269.652 8	4 535
9	142435233241451242442511	115.236 1	4 604
10	124433243251442454212151	143.819 4	4 601

第3章 混流装配线多目标优化排序方法

表 3-10 多目标优化结果(包含最优第二目标值)

序号	生产序列	第一目标值	第二目标值/s
1	142343324245214144225511	169.9861	4 562
2	421514233423425414242151	80.1528	4 712
3	145423233241241454242151	117.4861	4 604
4	243332444214224421155151	316.6528	4 532
5	423433242421414422551151	261.4028	4 535
6	145214233324425414242151	103.4028	4 624
7	145423233241244514422151	124.7361	4 597
8	142342334245214144225511	151.2361	4 568
9	124514233423425414224511	85.6528	4 688
10	512434233241241454242151	112.4028	4 612

从表 3-7 至表 3-10 计算结果中可以看出：①对于每个优化目标，GASA 混合算法只能提供一个优化结果，而多目标遗传算法（MOGA）可以提供多个优化结果供决策者选择，这样可以有效融入调度员的宝贵经验，从而使得调度结果更加符合生产现场的实际；②分别对于两个优化目标，多目标遗传算法得到最优目标函数值均优于用 GASA 混合算法分别进行单目标优化的结果；③多目标遗传算法的 CPU 计算时间要短于 GASA 混合算法。因此，可以认为，MOGA 的优化性能优于 GASA 算法，而且，对于本章所研究的混流装配线多目标优化排序问题，本章所提的多目标遗传算法是一种有效的求解方法。

3.8 小结

同时考虑部件消耗平顺化和最小化最大完工时间目标，本章建立了带有限中间缓冲区的混流装配线的两目标优化排序数学模型。简述了多目标优化问题的基本概念和优化方法以及混流装配线布置与平衡方法，结合多目标混流装配优化排序问题的特点，设计了一种多目标遗传算法用于问题的求解，在此算法中，应用了帕累托分级和共享函数的方法用于可行解适应度值的评价，保证了解的分布性和均匀性，同时对种群初始化、选择、交叉、变异算子以及精英保留策略进行了设计。按照 A 企业发动机公司装配线的实际构成和真实的数据，将该优化结果与采用第 2 章的混合算法分别对两个单目标进行优化的结果进行了比较，验证了该多目标遗传算法的可行性和有效性。

第 4 章 混流加工-装配系统排序的综合优化

为解决由一条带有限中间缓冲区的混流装配线和若干条带相同并行机和有限中间缓冲区的零部件加工线组成的拉式生产系统的集成优化排序问题,以平顺化混流装配线的部件消耗及最小化装配线和多条零部件加工线总的完工时间成本为优化目标,本章提出系统集成优化框架,基于第 2 章和第 3 章分别对各条加工线调度和对装配线排序问题的研究,考虑产品和部件的库存约束,建立集成优化数学模型,设计一种新的多目标遗传算法用于求解该问题,在此算法中,提出一种由装配序列产生各条零部件加工线第一工位加工序列的方法,采用可适应的遗传算子,同时应用了帕累托分级和共享函数的方法用于可行解适应度值的评价,保证解的分布性和均匀性。对多目标优化算法得到的非支配解集,提出基于满意度函数的评价方法。按照 A 企业发动机公司各条生产线的实际构成和真实的数据,通过与多目标模拟退火算法的结果进行比较,验证该多目标遗传算法的可行性和有效性,应用该多目标遗传算法可以获得满意的非支配解集。

4.1 加工-装配式生产系统的特征

　　加工-装配式生产系统生产的产品通常都是由各种零部件组成,这些零部件根据装配需求的顺序,可以在不同的生产时间和不同的生产地点进行加工制造,零部件加工完成,再集中在装配地点,进行部件和产品的装配。装配所用各种零部件的加工可以同时进行,也可以按照需求的先后顺序进行加工。加工-装配式生产过程在时间上是可以中断的。目前,加工-装配式生产系统取得了广泛的应用,如发动机、汽车等的生产系统都是该类系统。与传统的流水车间相比,加工-装配式生产系统更为复杂,是现实中最为常用的一类生产系统,对加工-装配式生产系统的优化问题的研究,从理论和实践的角度,具有重要的意义。该类系统具有如下特征:

　　(1)分布性。加工-装配式生产过程一般包括零部件加工和产品装配两个子生产过程,首先,按照工艺文件的要求,将原材料加工成符合要求的零件,然后,按照部件装配工艺的要求将各种零件组装成部件,再根据产品装配工艺的规定,将各种零部件总装成最终产品。可以看出,加工-装配式生产系统中包括各种加工、装配子系统,这些子系统在物理空间上可以分布在不同的国家、地区和企业。由于存在专业化分工以及各地制造资源和效率存在较大差别,因此为了能够最大限度地利用全球各地的制造资源优势,跨国、跨地区的合作生产方式已普遍存在。随着网络、通信和物流技

第4章　混流加工-装配系统排序的综合优化

术的高速发展,加工-装配式生产系统的发展正朝着国际化和网络化方向快速发展,加工-装配式生产系统的分布性特征更加明显。

(2)离散性。在时间上,加工-装配式生产是允许中断的,这种生产方式的离散性特征比较明显,当然,时间上的可中断性也是该类生产系统能够实现分布和协作生产的前提和基础。加工-装配式生产系统属于典型的离散事件动态系统。随着市场需求个性化的发展,加工-装配系统的离散性特征会体现的更加明显。这种高离散性的特征增加了对加工-装配式生产系统进行有效分析和优化的困难,在连续系统中采用的优化模型建立的方法和分析方法在加工-装配式生产系统中都不能够再使用。相比之下,对加工-装配式生产系统的分析和优化模型的建立难度更大,该系统的有些性能很难建立数学模型,对于该类生产系统部分性能的优化建立的数学模型,大多数都是NP完全问题,没有有效求得最优解的方法。所以,目前对于加工-装配生产系统的分析和研究,更多的还是采用启发式方法或仿真方法,通过运行系统的仿真模型,找到其运行的规律,进而对系统做进一步的优化。

(3)复杂性。在市场竞争压力和产品个性化需求的推动下,生产方式正在从少品种、大批量生产向多品种、单件小批量生产转化。在多品种、单件小批量的生产系统中,每种产品都是由具有不同规格型号和工艺要求的零部件装配而成,而各种零部件的制造过程既包含有串联操作,又包含有平行和并发的操作。由于企业的设备、人员、搬运工具等资源是有限的,因此不同产品的生产过程中在这些资源的利用上经常会出现冲突和竞争的情况,物流搬运交叉和往返很多,生产车间和管理部门间的联系紧密,时间上也是相互制约的,为了能够低成本、高效率、按时、保质保量地生产出各种产品,必须要对整个生产系统进行精细化地组织和优化,以保证与生产相关的各个车间和管理部门能够紧密协作,科学高效地进行生产。

(4)动态性。加工-装配式生产系统的运行不可避免的受到企业所处的外部环境和企业内部环境因素的影响和制约。影响企业运行的外部因素主要包括经济形势变化、市场需求的不确定性、科学技术发展水平以及同行业其他企业的激烈竞争等等,企业内部的影响因素主要有企业管理水平、操作人员的技术水平、设备自动化程度、生产线的柔性等。而影响生产系统的这些因素都是动态变化的,为了减少环境变化对生产系统的影响,加工-装配式生产系统的各种要素都要及时地做出相应的调整。例如,重新调整生产战略、改动生产线的布局、更新生产设备、调整组织结构、加强人员的培训、调整生产计划的管理和编制方式,等等。

(5)多目标性。加工-装配式生产系统的优化目标是企业整体经营目标是一致的,是其重要的组成部分。加工-装配式生产系统的优化目标也是多样的,主要包括产量、质量、交货期以及成本类指标,还包括完工时间、库存量、设备利用率、物料消耗平顺化、工位符合均衡化等指标。有些优化指标之间是一致的,而有些优化指标之间是相互矛盾的,在不同生产时期,各个优化指标的重要程度是不一样的,确定各个优化指标间相对的重要程度,以及对多个优化指标进行协调和处理是加工-装配式生产系统优化的一项重要内容。

4.2 加工-装配式生产系统的分析和优化方法

加工-装配式生产系统属于一类典型的离散事件动态系统。因此,以往对离散事件动态系统进行研究的理论和方法都可以用来对加工-装配式生产系统进行分析和研究。离散事件动态系统是由 20 世纪 80 年代由 Ho 教授首先提出来的,随即在国内外成为一个研究热点。离散事件动态系统就是指离散事件按一定的运动规律互相作用从而引起状态演化的一类动态系统。不同于连续变量动态系统,离散事件动态系统状态的变化是由各个离散事件(如生产任务的到达、工件开始加工、机器堵塞、机器故障、工件加工结束等)之间复杂的相互作用决定的,各离散事件之间的关系复杂,彼此之间存在并行、串行等关系,各离散事件的关系不能够采用微分或差分方程进行描述。研究离散事件动态系统的理论与方法是解决加工-装配式生产系统优化问题的必选之路。建立系统的模型是研究离散事件动态系统的一个主要内容,目前,描述离散事件动态系统的方法主要有三类:一是采用分析的方法;二是采用仿真的方法,三是采用 Petri 网模型的方法。

对加工-装配式生产系统的建模、仿真和分析的目的主要是实现对生产系统的控制和优化。也就是在一定的生产环境和条件下,通过调整系统参数,使系统能够更好地适应环境的不断变化,从而能够以较小的资源输入得到尽可能大的输出。换言之,就是在一定的产出水平条件下,能够有效利用人员、设备等资源,最大可能地节约生产时间和生产成本。为此,就必须对加工-装配式生产系统进行优化和控制。加工-装配式生产系统的优化包括多方面内容,如加工-装配系统集成优化排序问题、空间优化、时间组织优化、人力资源优化、物流过程优化等。优化的对象包括生产系统的各个阶段和环节。加工-装配式生产系统模型多为 NP 完全问题模型,用一般的数学方法很难求得其最优解,而采用智能最优化方法处理这类系统的优化问题是较为有效的途径。

从本书第 1 章对加工-装配系统集成优化排序问题的研究现状可以看出,目前对该问题的研究方法主要包括分支定界法、枚举方法、动态规划法和启发式方法。本章采用可适应的多目标遗传算法对该问题进行求解,并将该算法的优化结果与多目标模拟退火算法的结果进行优化性能的比较。

4.3 混流加工-装配系统集成优化排序问题描述

随着市场竞争的加剧和产品个性化需求的发展,为了更好满足客户不同的需求,从而赢得竞争优势,很多企业引进了混流加工-装配系统,如轿车发动机、汽车和空调混流加工-装配系统,等等。混流加工-装配系统通常由一条混流装配线和若干条部件加工线组成,如图 4-1 所示,部件加工线的组成和性质各异。为了能够有效利用这些加工-装配系统,提高整个系统的生产效率,对加工-装配系统集成优化框架、模型和求解算法的研究已变得日益迫切和重要。本章研究的加工-装配系统可以描述如下:它是由一条带有限中间缓冲区的混流装配线和四条带相同并行机和有限中间缓冲区的部件加工线组成的拉式生产系统,加工线加工并向装配

第 4 章 混流加工-装配系统排序的综合优化

线提供不同零部件。混流装配线工位数已知，每个工位只有一台机器；而加工线至少有一个工位上存在多台相同的并行机，每条加工线上的工位数、各工位的机器数以及相邻工位间的缓冲区容量已知，缓冲区中的工件遵循先进先出的规则。任何时刻，对于部件加工线，一台机器最多只能加工一件工件，一件工件最多只能在一台机器上进行加工；对于装配线，一个工位上最多只能装配一件产品，一件产品最多只能在一个工位上进行装配。订单需求、产品-部件消耗矩阵、每种产品和部件超过安全库存的多余库存量、加工线上每个工位上各种工件的加工时间以及每种产品在每个装配工位上的装配时间是已知的和确定的。

从第 1 章的研究综述可以看出，部件加工调度和混流装配排序作为两个独立的问题已被广泛研究过，尽管已经有些研究者对带装配操作的流水车间调度问题进行了研究，但是多数的研究对象或者只是由两台或三台机器组成的系统，或者只是由一条传统部件流水加工线和一个装配工位组成的系统，在文献中，对于由一条带有限中间缓冲区的混流装配线和多条带有限中间缓冲区和多台相同并行机的部件流水加工线组成的复杂系统的研究甚少。在优化目标方面，大多是以完工时间为目标进行单目标优化，事实上，在加工-装配复杂系统中，仅仅考虑这一个目标并不总能保证整个系统的性能优化。在优化方法上，已提出的方法包括分支定界法和动态规划法等精确求解方法，还有一些启发式方法。对于较大规模的问题，精确算法往往很难在可接受的时间内求得问题的最优解。近些年来，采用元启发式算法对复杂生产系统的调度和排序问题进行研究以在可接受的计算时间内求得问题的最优解或近优解是一个明显的趋势。

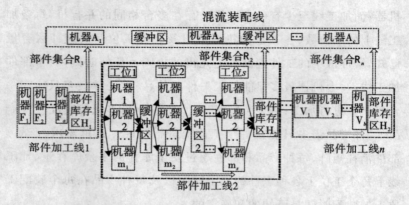

图 4-1 混流加工-装配系统

部件消耗的平顺化是混流装配线排序一个特殊的优化目标，它通过对装配计划进行优化排序，使得部件的消耗速率尽可能稳定，从而保证各条零部件加工线能够匀速稳定地进行生产。对于整个加工-装配系统如何能够以最低的生产成本完成所需的部件和产品的加工和装配对于提高各条生产线的利用率以及增加企业的生产效益具有重大作用。根据生产企业的实际需求，在本章中我们同时考虑两个优化目标：平顺化混流装配线的部件消耗和最小化加工-装配系统的完工时间成本，采用可适应的多目标进化算法对混流加工-装配系统集成优化问题进行研究。

4.4 加工-装配系统集成优化框架与模型

以加工线要及时满足装配线对各种部件的需求、平顺化混流

第4章 混流加工-装配系统排序的综合优化

装配线的零部件消耗和最小化装配线和各零部件加工线总的完工时间成本为目标,以产品-部件消耗矩阵为纽带,以各生产线的生产能力、工位间缓冲区容量以及各产品和零部件设定的安全库存量为约束,建立加工-装配系统的集成优化框架和模型如图4-2所示。

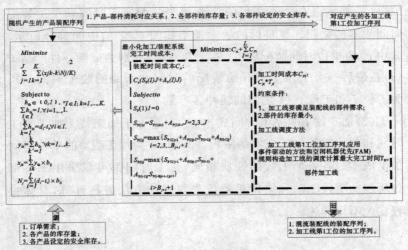

图4-2 加工-装配系统集成优化框架

4.4.1 平顺化混流装配线的部件消耗

参考文献[80]中建立了该问题的优化模型,本章考虑最小化产品库存的约束,建立新的优化模型如图4-2中间部分所示。对模型中各个变量符号意义的解释同3.4.1中的描述。

4.4.2 最小化加工-装配系统完工时间成本

加工-装配系统的完工时间成本包括两个部分:混流装配线的装配完工时间成本和各零部件加工线总的加工完工时间成本。下面分别给以简单介绍。

(1)装配完工时间成本 C_A。它等于装配完工时间和单位装配时间成本的乘积。该目标的数学模型如图 4-2 的中间部分所示。其中 c_a 为单位时间装配成本,$S_{P(I)}$ 和 $A_{P(I)}$ 分别为最后一件产品 $P(I)$ 在最后一个工位 j 上开始装配的时间和所需的装配时间。B_j 为工位 j 和工位 $j-1$ 之间的缓冲区容量。

(2)加工线 l 的完工时间成本 C_{F1}。它等于加工线 l 加工完工时间和单位时间加工成本的乘积。其中 c_{f1} 为加工线 l 的单位时间加工成本。各条加工线的性质相同,完工时间都可以采用 2.2 部分所述的事件驱动和空闲机器优先规则的方法进行计算,具体过程在此不再详述。

4.5 多目标求解算法

本章采用自适应的多目标遗传算法对该问题进行求解,可以获得较多的优化候选解供决策者选择,同时还设计了一种多目标模拟退火算法,用于和自适应的多目标遗传算法进行优化性能的比较。下面分别进行详细介绍。

4.5.1 自适应多目标遗传算法

(1)算法步骤:自适应的多目标遗传算法的详细步骤及流程图

第 4 章　混流加工-装配系统排序的综合优化

同 3.6.1 节中所述。

(2) 算法关键步骤实现：初始种群的产生、帕累托分级、修剪、小生境计数计算、适应度值计算、选择、交叉算子、变异算子、精英保留的处理方法同 3.6.2 节中所述，此处不再详述。该算法与 3.6 节描述的算法不同之处有三点：① 如何根据装配线的装配序列，确定各条零部件加工线的第一个工位的加工序列；② 采用了自适应的交叉概率；③ 采用了自适应的变异概率。

1) 各零部件加工线第一工位加工序列的确定方法。对于混流装配线，一个可行的投产序列是由不同的产品型号组成，而对于各条零部件加工线，要计算最大完工时间，需要不同零部件型号组合来构成加工线可行的投产序列。因此，为实现加工-装配系统的集成，同时使各加工线的库存较小，提出了下述三阶段的方法确定各加工线第一工位的加工序列。

Step1：用一个唯一的整数代替一种型号的产品，考虑装配计划的需求量和多余库存量的约束，随机产生一个混流装配线可行的投产序列。

Step2：用一个唯一的字母代替一种型号的部件，根据产品-部件消耗矩阵对应产生各加工线第一工位临时的部件投产序列。

Step3：根据各部件多余的库存量，对上述各加工线第一工位临时投产序列进行调整，对于每种部件，如果多余库存量超过临时投产序列中该种部件的计划数量，则从该投产序列中删除所有该种部件，否则，在临时投产序列中从前往后依次删除与多余库存量相同数量的该种部件，则临时投产序列中剩下的各部件型号的组合即为各加工线第一工位实际的投产序列。

混流加工-装配系统排序的综合优化

以由一条混流装配线和两条部件加工线组成的加工-装配系统为例,举例说明上述过程。假定混流装配线可以装配 5 种不同的产品,分别编码为 1,2,3,4,5,如图 4-3 所示,各产品的需求量为 (4,4,3,2,2);部件加工线 1 可以加工 3 种部件,分别编码为 A,B,C,如图 4-4 所示;部件加工线 2 可以加工 4 种部件,分别编码为 D,E,F,G,如图 4-5 所示。根据上述定义,根据装配线一个可行的装配序列确定各条加工线第一工位投产序列的过程如图 4-6 所示。

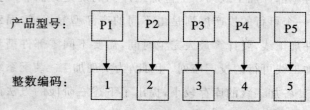

图 4-3 装配线产品编码

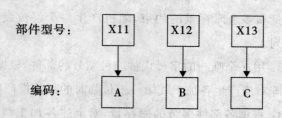

图 4-4 加工线 1 部件编码

第 4 章 混流加工-装配系统排序的综合优化

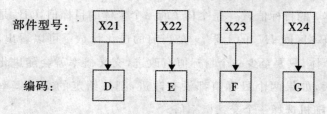

图 4-5 加工线 2 部件编码

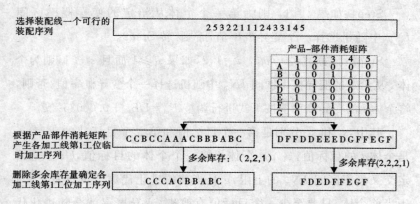

图 4-6 确定各加工线第一工位加工序列

2)自适应交叉概率。自适应地调整交叉概率步骤如下:

Step1:如果 $l=1$,则为第一个个体从给定的交叉概率区间 IN_c 中随机选择一个交叉概率值,否则,转 Step2。

Step2:计算 $s_i=v_l/v_{l-1}$,$i=1,2$,如果 $s_1 \geqslant 1$ 而且 $s_2 \geqslant 1$,则为个体 l 从给定的交叉概率区间 IN_c 中随机选择一个交叉概率值,否则,将个体 l 的交叉概率值按下式进行调整 $P_c = UB_c + 0.000\ 35 \times g$。

其中,s_1 和 s_2 分别是第一个目标值和第二个目标值的比率,v_l

是个体 l 的目标值,v_{l-1} 是个体 l 前一个个体的目标值,UB_c 是给定交叉概率区间 IN_c 的上限,g 是当前的进化代数。可以看出,对于当前个体,只要至少一个目标值有改进,交叉概率就会随进化代数而增大,如果两个目标值都没有改进,则从给定的交叉概率区间 IN_c 中随机选择一个交叉概率值。

3) 自适应变异概率。自适应地调整变异概率步骤如下:

Step1:如果 $l=1$,则为第一个个体从给定的变异概率区间 IN_m 中随机选择一个变异概率值,否则,转 Step2。

Step2:计算 $s_i=v_l/v_{l-1}$,$i=1,2$,如果 $s_1 \geqslant 1$ 而且 $s_2 \geqslant 1$,则为个体 l 从给定的变异概率区间 IN_m 中随机选择一个变异概率值,否则,将个体 l 的变异概率值按下式进行调整 $P_m = UB_m + 0.00035 \times g$。

其中,s_1 和 s_2 分别是第一个目标值和第二个目标值的比率,v_l 是个体 l 的目标值,v_{l-1} 是个体 l 前一个个体的目标值,UB_m 是给定交叉概率区间 IN_m 的上限,g 是当前的进化代数。可以看出,对于当前个体,只要至少一个目标值有改进,变异概率就会随进化代数而增大,如果两个目标值都没有改进,则从给定的变异概率区间 IN_m 中随机选择一个变异概率值。

4.5.2 多目标模拟退火算法

(1) 算法步骤如下,算法流程图如图 4-7 所示。

Step1:考虑装配计划的需求量和多余库存量的约束,随机产生初始种群 $GSet$,种群规模为 $Mosasize$,令循环次数 $t=0$,初始温度 $T_e = T_0$。

Step2:从 $GSet$ 中随机选取一个解作为当前解。

第 4 章 混流加工-装配系统排序的综合优化

Step3：如果终止条件($T_e < T_s$ 且 $t > t_{max}$)满足，则对 GSet 中的个体进行 Pareto 分级，输出所有级别为 1 的非支配个体，否则继续以下步骤。

Step4：循环以下步骤 $N_{\text{iteration}}$ 次。

1) 采用逆序(INV)变异算子，由当前解产生一个候选解。

2) 将该候选解与 GSet 中的所有解进行比较，如果候选解与 GSet 中的所有解都不互相被支配，则将该候选解作为新的当前解，同时将该候选解加入 GSet 中，并对 GSet 进行修剪；否则，如果该候选解支配 GSet 中的一个或多个解，则用该候选解替换 GSet 中第一个找到的被支配解，同时将该候选解作为新的当前解；否则，如果 Metropolis 准则为"真"，则用该候选解作为新的当前解。

Step5：$T_e = T_e \times C_r$，$t = t+1$，转 Step3。

(2) 修剪。当 GSet 中的个体数量超过设定值 N_s 时，则要对 GSet 进行修剪。因为 GSet 中的个体之间互相都不被支配，所以，需要计算每个个体的小生境计数(见 3.6.2 节)以判定各个个体的优劣，选择具有最大小生境计数的个体，并将其从 GSet 中删除，如果有多个个体具有相同的小生境计数，则从中随机选择一个并删除，重复此过程，直至 GSet 中个体的数量等于设定值 N_s。

混流加工-装配系统排序的综合优化

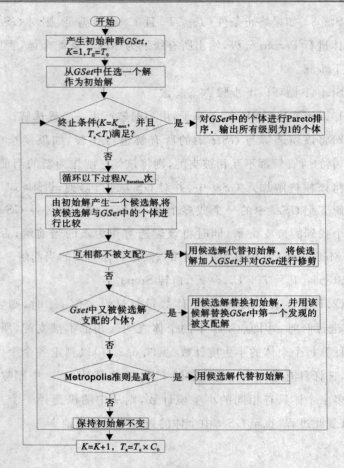

图 4-7 多目标模拟退火算法流程

(3) Metropolis 标准。它表明被支配解被接受的概率,该概率值的计算方法如下:

第4章 混流加工-装配系统排序的综合优化

$$P_a = \exp(\frac{\Delta E}{K_b Temp}) \tag{4-1}$$

式中，ΔE 是候选解与 $GSet$ 中支配它的所有解间的最小距离；K_b 为 Boltzman 常数。对于被支配的候选解，首先按上式计算 P_a，然后随机产生一个 0 和 1 之间的实数 u，如果 $u < P_a$，则 Metropolis 准则为"真"，否则为"假"。

4.5.3 多目标算法优化结果的比较方法

一般来说，多目标优化算法的优化结果都不止一个，而是一个由多个解组成的优化解集，而且，优化解集中的个体之间都是互相不支配的，对于这些非支配解的优劣比较要比单目标优化结果的比较复杂得多。本章采用了基于满意度函数的方法用于多目标算法优化结果的比较。非支配解集中的每个个体的满意度值的计算公式如下，可以看出，它是一个 0～1 之间的一个数值。

$$df_n = \begin{cases} 0, f_{n1} > f_{b1}, or, f_{n2} > f_{b2} \\ 1 - \min\left\{\frac{f_{n1}}{f_{b1}}, \frac{f_{n2}}{f_{b2}}\right\}, \text{otherwise} \end{cases} \tag{4-2}$$

式中，f_{n1} 和 f_{n2} 分别是个体 n 的第一个和第二个目标函数值，f_{b1} 和 f_{b2} 分别是由多目标算法求得的第一个目标和第二个目标的最大值。非支配解集的满意度值按下式计算，它是解集中所有个体满意度值的几何平均值。N 是非支配解集中个体的总数。

$$DF = \sqrt[N]{df_1 \times df_2 \times \cdots \times df_N} \tag{4-3}$$

4.6 计算实验结果与分析

以 A 企业发动机公司某一个班次的装配计划为例,需要装配的产品型号共有 5 种,分别为 481F-1000010-1,481H-1000010-1,484F-1000010-1,DA2-0000E01AA 和 DA2-0000E02AA。班次生产能力为 240 件。装配线的机器组成、缓冲区容量、装配时间等数据同 3.7 节中描述的数据。各条加工线的机器组成、缓冲区容量、加工时间数据同 2.5 节中描述的数据。装配线班次生产计划如表 4-1 所示,产品和 5C 件的消耗对应关系如表 3-4 所示。由表 4-1 可以看出,最小生产循环为 (4,5,3,5,3),循环生产最小生产循环 10 次,即可完成整个生产计划的任务。在每个生产循环中,发动机超过安全库存的多余库存量分别为 (0,0,0,0,0);缸体线的多余库存 (0,1,1);缸盖线的多余库存 (0,1,1,0);曲轴线的多余库存 (0,1);凸轮轴线的多余库存 (0,1,1,0,1)。装配线、缸体加工线、缸盖加工线、曲轴加工线和凸轮轴加工线的单位时间完工成本之比为 2:1.5:1.2:1.6:1。

本章中的算法采用 C++进行编程,并在 PC 机(Pentium (R) 4,CPU 2.80 GHz, 512 MB)上进行了实现。经过算法参数敏感性计算试验,选择的 MOGA 参数如下:$Mogasize=50, G=50, IN_c=[0.60,0.80], IN_m=[0.2,0.4], N=8, O_s=10, P_s=0.8$;MOSA 的参数:$T_o=50, T_s=1, C_r=0.95, t_{max}=50, N_{iteration}=50, Mosasize=50, O_s=10, K_b=0.005$。表 4-2 和表 4-3 列出了采用本章提出的多目标遗传算法得到的优化结果,表 4-4 和表 4-5 列出了采用

第4章 混流加工-装配系统排序的综合优化

本章提出的多目标模拟退火算法得到的优化结果。

表4-1 发动机订单需求

发动机					
型号	481F-1000010-1	481H-1000010-1	484F-1000010-1	DA2-0000E01AA	DA2-0000E02AA
需求量	40	50	30	50	30

表 4-2　MOGA 优化结果(包含最优第一目标值)

序号	装配线序列	缸体线序列	缸盖线序列	曲轴线序列	凸轮轴序列	第一目标值	第二目标值/元
1	143335 24221 542 44 215 1	AB BC AC AA AC CA CC AA CA	DD DD GF EE DG FEF FE DG D	HHI IIH H HH HIH H HH HHI H	JMJMJ MJMJ M MJML NLNJ MK MJML NJMJ ML NJMK MJM	178.65	30 102.1

第 4 章 混流加工-装配系统排序的综合优化

续表

序号	装配线序列	缸体线序列	缸盖线序列	曲轴线序列	凸轮轴序列	第一目标值	第二目标值/元
2	424 352 11 542 342 31 425 1	AC CA AA CC AB CA BA CA CA	FD GE DD GF ED FE DD FE GD	HH HIH HH IHH IHH I HH HIH	JMJMJ MML NJ MJMK MJML NJ MJML NJMJ MJ MLNK MJM	48.05	30 724.9

续表

序号	装配线序列	缸体线序列	缸盖线序列	曲轴线序列	凸轮轴序列	第一目标值	第二目标值/元
3	152 443 25 142 342 31 425 1	AA CC AC AC AB CA BA CA CA	DG FD EG DF ED FE DD FE GD	HH HHI H IHH HIH IHH HIH	JMMJ MJMJ ML NKMJ MJML NJ MJML NJMJ MJ MLNK MJM	43.75	30 774.4
4	424 153 32 432	AC AC BA CB	FD GD DE FD	HH HHI I HHI	JMJMJ MMJ MJ MLNJ	81.05	30 425.6
5	424 153 32 342	AC AC BA BC	FD GD DE DF	HH HHI IH IHH	JMJMJ MMJ MJ MLNJ	95.75	30 349.8

第 4 章 混流加工-装配系统排序的综合优化

续表

序号	装配线序列	缸体线序列	缸盖线序列	曲轴线序列	凸轮轴序列	第一目标值	第二目标值/元
6	432 142 53 243	AA CA CB AC	DD FE GD EF	HH HH HII HHI	JMJMJ MJML N MJML	62.75	30 584.4
7	434 212 33 452	CA AA BB CC	DF DE DD FG	HH HH HII HIH	JMJMJ MJML N JMJMJ	98.45	30 300.4
8	152 443 32 432	AA CC BA CB	DG FD DE FD	HH HHI IH HIH	JMMJ MJMJ MJ MLNJ	73.15	30 443.6

表 4-3　MOGA 优化结果(包含最优第二目标值)

序号	装配线序	缸体线序	缸盖线序	曲轴线序	凸轮轴序列	第一目标值	第二目标值/元
1	423	AA	DE	HH	JMJM	108.95	30 204.6
	233	BB	DD	HII	LNJM		
	41	CA	FD	HH	JM		
	521	CA	GE	IHH	JMJM		
2	142	AA	DD	HH	JMJMJ	52.55	30 572.9
	345	CC	FG	HHI	MJM		
	12	AA	DE	HH	MJ		
	425	CA	FE	HHI	MLNJ		
3	142	AA	DG	HH	JMJM	79.85	30 391.8
	523	CA	ED	HHI	MLNJ		
	43	CB	FD	HI	MJ		
	342	BC	DF	IHH	MJMJ		
4	123	AA	DD	HH	JMJMJ	122.05	30 091.1
	433	BB	DD	HII	MJMJ		
	42	CA	FE	HH	M		
	542	CC	GF	IHH	JMLN		
5	152	AA	DG	HH	JMMJ	65.15	30 396.2
	432	CA	DE	HIH	MJML		
	43	CB	FD	HI	NJ		
	324	BA	DE	IHH	MJMJ		

第4章 混流加工-装配系统排序的综合优化

续表

序号	装配线序	缸体线序	缸盖线序	曲轴线序	凸轮轴序列	第一目标值	第二目标值/元
6	423 334 21 551	AB BC AA CC	DD DF ED GG	HHI IHH HII HH	JMJMJ MJMJ M LNJM	133.15	30 135
7	445 232 11 523	CC AA AA CA	FG DE DD GE	HH HIH HH IHII	JMJM MJML NJ MJMK	97.05	30 810.4
8	142 333 52 421	AA BB CA CA	DD DD GE FE	HH HIII H HH	JMJMJ MJMJ M MLNJ	121.35	30 172.4

表 4-4　MOSA 多目标优化结果（包含最优第一目标值）

序号	装配线序	缸体线序	缸盖线序	曲轴线序	凸轮轴序列	第一目标值	第二目标值/元
1	424 352 51 142	AC CA CA AC	FD GE GD DF	HH HIH IH HH	JMJMJ MMLN K MJMJM	61.05	30 704.1
2	435 132 52 412	CA BA CA CA	DG DD GE FD	HIH IHI H HH	JMJMM JMJMK MLNJ MJML	115.75	30 653.1
3	423 234 34 152	AA BC BC AC	DE DF DF DG	HH HIH IH HIH	JMJML NJMJM JMJMJ MMLN	101.85	30 225.6
4	243 542 31 521	AC CA BA CA	DG FE DD GE	HHI HHI H IHH	JMJMM JMLNJ MJ MKML	91.95	31 074
5	123 334 51 242	AA BB CA AC	DD DD GD EF	HHI IHI HH HHI	JMJMJ MJMJM MJML NJMLN	164.85	30 113.1

第4章 混流加工-装配系统排序的综合优化

表4-5 MOSA 优化结果(包含最优第二目标值)

序号	装配线序列	缸体线序列	缸盖线序列	曲轴线序列	凸轮轴序列	第一目标值	第二目标值/元
1	514 253 43 211 423 15 244 2	AC AC CB AA AC AB AC AC CA	GD GD FD ED DF ED DG EF FE	HH HIIH I HH HH HI HIH HH H	MJMJ MKMJ MJ MJML NJMJ MJ MLNJ MJMK ML NJMJ MLN	111.15	30 660.1

续表

序号	装配线序列	缸体线序列	缸盖线序列	曲轴线序列	凸轮轴序列	第一目标值	第二目标值/元
2	435132524123244154 21	CA BA CA CA AB AC CA CC AA	DG DD GE FD ED EF FD GF ED	HIHI HIH HH HIH H HHI HHH H	JMJM MJMJ MK MLNJ MJML NJ MLNJ MJMJ MK MJML NJM	115.75	30 653.1

第 4 章 混流加工 - 装配系统排序的综合优化

续表

序号	装配线序列	缸体线序列	缸盖线序列	曲轴线序列	凸轮轴序列	第一目标值	第二目标值/元
3	422 431 12 335 422 41 554 1	AA CA AA BB CC AA CA CC CA	EF DD DE DD GF EE FD GG FD	HH HH HH H IIIH HH HHII HH	JMLNJ MJMJ M JMLNJ MJMM J MLNL NJMJ MK MKMJ MJM	153.85	30 420.9

续表

序号	装配线序列	缸体线序列	缸盖线序列	曲轴线序列	凸轮轴序列	第一目标值	第二目标值/元
4	133 341 24 141 442 55 222 5	AB BA AC AC AC CA CC AA AC	DD DD DF DF DF FE GG EE EG	HIIH HH H HH HH HH IIHH HI	JMJMJ MJMJ M JMJMJ MJMJ M JMJM LNMK ML NLNL NKM	494.45	30 308.8

第4章 混流加工-装配系统排序的综合优化

续表

序号	装配线序列	缸体线序列	缸盖线序列	曲轴线序列	凸轮轴序列	第一目标值	第二目标值/元
5	243 542 31 521 452 24 143 1	AC CA BA CA AC CA AC AC BA	DG FE DD GE DF GE EF DF DD	HHI HHI H IHH HIH HH HHI H	JMJM MJML NJ MJMK MLNJ MJ MKML NLNJ MJ MJMJ MJM	91.95	31 074

表4-2和表4-3列出了自适应多目标遗传算法的优化结果，CPU耗时分别为2 028 s和2 146 s；对于多目标模拟退火算法，也得到两个非支配解集：带目标一最优值的非支配解集（见表4-4）和带目标二最优值的非支配解集（见表4-5），CPU耗时分别为3 658 s和3 466 s。经过计算，多目标遗传算法的求得的两个非支配解集（见表4-2和表4-3）的满意度值分别是0.823 3和0.799 3；

而多目标模拟退火算法求得的两个非支配解集(见表 4-4 和表 4-5)的满意度值分别为 0.781 0 和 0.370 7。从以上优化结果还可以看出：①自适应多目标遗传算法找到的非支配解的个数要多于 MOSA；②自适应多目标遗传算法的两个非支配解集的满意度值均高于 MOSA 的两个非支配解集的满意度值；③MOGA 求得的两个目标最优值分别为 43.75 和 30 091.1，优于 MOSA 的 61.05 和 30 308.8；④MOGA 的 CPU 耗时要短于 MOSA，效率更高。

无论是在解的质量，还是在计算时间上，自适应多目标遗传算法的优化性能都优于 MOSA。原因有以下几点：①自适应多目标遗传算法是基于初始种群进行的并行搜索，搜索效率较高；而 MOSA 是从群体中的一个初始解出发进行串行搜索的过程，搜索效率较低。②采用新设计的自适应的交叉、变异操作保证了每一代种群的多样性。③采用随机的方式产生初始种群，以及设计新的适应度评价函数，保证了非支配解的优良性和较好分布性。

4.7　小结

以平顺化混流装配线的部件消耗及最小化装配线和多条零部件加工线总的完工时间成本为优化目标，本章对由一条带有限中间缓冲区的混流装配线和若干条带并行机和有限中间缓冲区的零部件加工线组成的拉式生产系统的集成优化排序问题进行了研究，提出了系统集成优化框架，考虑产品和部件的库存约束，建立了装配线优化数学模型，提出了基于事件驱动和空闲机器优先规则的加工线调度方案的构造方法，设计了一种自适应的多目标遗

第 4 章　混流加工-装配系统排序的综合优化

传算法用于求解该问题,在此算法中,提出了一种三阶段的实数编码方法,采用了自适应的交叉和变异算子,同时应用了帕累托分级和共享函数的方法用于可行解适应度值的评价,保证了解的分布性和均匀性。按照 A 企业发动机公司各条生产线的实际构成和真实的数据,通过与多目标模拟退火算法的结果进行比较,验证了该自适应的多目标遗传算法的可行性和有效性,应用该算法可以获得满意的非支配解集。

第 5 章　混流加工-装配系统分批和排序的集成优化

为了能够充分利用各个调度区间各条生产线的生产能力,同时为了克服采用完全混流排序方法可能造成频繁切换,以致引起错漏操作的不足,以装配车间三个连续班次生产计划为输入,以最小化加工-装配系统总的正常完工时间成本、超时完工时间成本和库存成本为目标,对该加工-装配系统的批量和排序集成优化问题进行研究,建立优化数学模型,提出一种基于遗传算法和禁忌搜索算法的混合求解方法,在该算法中,提出新的编码方式、交叉和变异方法,采用自适应的交叉和变异算子,应用 A 公司发动机公司的实际生产数据,将该算法的优化结果与自适应遗传算法的优化结果进行比较,验证该混合算法的有效性。

5.1　引　言

本书第 2~4 章采用完全混流的生产组织方式分别对部件加

第5章 混流加工-装配系统分批和排序的集成优化

工线、混流装配线和加工-装配系统的优化排序问题进行了研究，从实例计算结果可以看出，采用完全混流的生产方式可以缩短生产周期、平顺化部件消耗、降低完工时间成本。但是采用完全混流的生产组织形式，存在频繁切换，容易导致错装、漏装和不方便操作和管理的不足。为了既减少排序结果造成的切换频繁以方便操作和管理，最大可能利用每个调度区间的生产能力，同时使加工-装配系统的完工时间成本和库存成本最小，本章对混流加工-装配系统的批量和排序集成优化问题展开研究。

从第1章的研究现状综述可以看出，在加工-装配系统的批量和排序方面，有些研究者已经对于单机、并行机、流水车间、柔性流水车间和多条并行流水车间的批量和排序集成优化问题进行过研究，但是对于由带有限中间缓冲区的混流装配线和多条带有限中间缓冲区和相同并行机的部件流水加工线组成的复杂加工-装配系统的批量和排序集成优化问题的研究极少，对于该类问题优化目标、模型和算法的探讨对提高整个发动机生产系统的效率和降低生产和库存成本是很有价值的。

5.2 批量和排序集成优化问题描述

混流加工-装配系统的批量和排序集成优化问题可以描述如下：确定由多条部件加工线和一条混流装配线组成的混流加工-装配系统多个连续班次生产计划中每个调度区间内（每班）每种产品和部件的实际生产数量（批量），并确定每个调度区间内（每班）每种产品和部件的生产顺序。以使得：

(1) 每个调度区间各种产品和部件的需求量要满足;

$$\sum_{d=1}^{t} D_{lid} \leqslant \sum_{d=1}^{t} x_{lid}, \forall i=1,2,\cdots,N_1; t=1,2,\cdots,$$
$$T-1; l=1,2,\cdots,L \quad (5-1)$$

$$\sum_{d=1}^{t} D_{lid} = \sum_{d=1}^{t} x_{lid}, \forall i=1,2,\cdots,N_1; l=1,2,\cdots,L \quad (5-2)$$

式中,D_{lid} 是生产线 l 上第 d 个调度区间内产品或部件 i 的需求量,x_{lid} 是生产线 l 上第 d 个调度区间内产品或部件 i 的实际生产量,L 是生产线的数量,T 是调度区间的数量,N_1 是生产线 l 上生产产品或部件的种类数量。

(2) 产品和部件总的库存金额最小,即

$$\min \sum_{l=1}^{L} \sum_{i=1}^{N_1} \sum_{T=1}^{T} \sum_{d=1}^{t} (x_{lid} - D_{lid}) h_{li} \quad (5-3)$$

式中,h_{li} 是生产线 l 上单件产品或部件 i 的在一个调度区间的库存金额。

(3) 装配线和加工线总的完工时间成本最小,即

$$\min \sum_{l=1}^{L} (makespan_l \times cost_{l1} + overtime_l \times cost_{l2}) \quad (5-4)$$

式中,$makespan_l$ 是生产线 l 正常工作时间内的完工时间;$cost_{l1}$ 是生产线 l 在正常工作时间内的单位完工时间成本;$overtime_l$ 是生产线 l 超过正常工作时间的完工时间;$cost_{l2}$ 是生产线 l 超过正常工作时间的单位完工时间成本。

以上问题的研究基于以下假设条件:

(1) 每个调度区间同种型号的产品或部件都是连续生产。

(2) 各型号产品或部件间切换时间忽略。

5.3 基于GATS的批量和排序集成优化问题求解

5.3.1 禁忌搜索算法简述

禁忌搜索(Tabu Search,TS)算法的思想先后是由Glover[231]和Hansen[232]在1986年提出的,在此基础之上,Glover[233]将其完善成一套完整的算法。禁忌搜索算法是对人类思维过程的一种模拟。目前,禁忌搜索算法已在很多领域得到广泛的应用。例如,在求解车间调度问题、旅行商问题、机器学习问题、集成电路设计问题等领域。

与模拟退火算法类似,禁忌搜索算法也是一种能力较强的局部搜索算法,它们都是为了能够避开局部最优解而设计的,但实现避开局部最优解的方法不同。模拟退火算法实现避开局部最优解的方法是按照Metropolis准则,概率接受劣解作为算法新的搜索起点,可以看出,这种搜索方式很有可能出现重复已经搜索过的过程,造成算法整个搜索过程消耗较长的时间。与模拟退火算法搜索方式不同,禁忌搜索算法则在搜索过程引入了记忆功能,将已经搜索到的局部最优解全部记录在禁忌表中,在以后的搜索中,根据利用禁忌表中记录的局部最优解信息,不再或有选择地搜索这些解,从而避免重复搜索过程,减少搜索时间,避开局部最优解[234]。

禁忌搜索算法的搜索机制比较简单,算法基本步骤如下:随机产生一个初始解,把它赋予当前解和最优解,根据邻域结构产生当前解的邻域解集,也就是候选解集,并用目标函数计算候选解的适应度值。若最佳候选解的适应度值优于当前最优解的适应度值，则满足特赦准则，将此最佳候选解赋予新当前解和最优解，更新禁忌表；若不满足特赦准则，则在候选解中选择非禁忌的最佳解设为新当前解，更新禁忌表。如此重复上述迭代搜索过程，直至满足算法终止准则。简单禁忌搜索算法的流程如图 5-1 所示。

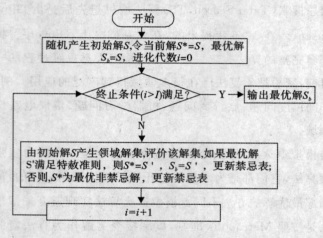

图 5-1 简单禁忌搜索算法的流程图

总的来说，在进行禁忌搜索算法的设计时需要确定以下几个基本要素：初始解产生方法、邻域结构设计、候选解的选择策略、禁忌对象的选择、确定禁忌长度、设计评价函数、确定特赦准则和算法终止准则。此外，对于更为复杂的组合优化问题，还需考虑与中期和长期记忆功能相关的集中性搜索和广泛性搜索策略。下面分别进行简要说明。

(1) 初始解产生。初始解的产生方式基本上可分为两种：一是

第5章 混流加工-装配系统分批和排序的集成优化

随机产生;二是运用启发式方法。一般认为,在应用禁忌搜索算法时,如果搜索策略运用得恰当,那么多数情况下最终优化结果不会受到初始解的产生方式实质性的影响,但可能会影响算法的搜索效率。

(2)评价函数的设计。在应用禁忌搜索算法进行计算时,评价函数是影响整个算法搜索效率的核心环节之一[235]。评价函数设计的是否合适以及单次调用需要的运行时间,对于整个算法的搜索效率有着很大的影响。在设计评估函数时需遵循以下原则:一方面是变量的选择和评价函数的构成要合理,评价函数要能够引导算法搜索逐渐向优化目标的最优值靠近;另一方面是单次调用评价函数时运行时间要尽可能得短,这样才能保证在可接受的时间内进行更多次的搜索操作,以提高算法的优化效率。在进行大规模车间调度问题的求解时,为了减少单次调用评价函数消耗的时间,通常可以采用不同形式的近似评价函数。

(3)邻域结构设计。应用禁忌搜索算法进行优化求解时,优化结果的质量与算法中采用的邻域结构有很大关系。在进行邻域结构的设计和选择时,必须同时考虑算法运行的效率和优化解的质量两个因素,既要在邻域的规模和邻域的连通能力之间做好协调,又要在简便性与有效性方面做好平衡。一般采用的方法是,一方面,邻域规模的取值要尽可能小,以使得算法的每一次循环耗时较少,这样可以在同样的计算时间内进行更多次的循环,提高算法的搜索效率;另一方面,邻域结构的设计也要应尽可能得复杂,能够使更多的先前邻域知识融入邻域结构之中,从而增强算法搜索最优解的能力,提高解的质量[236,237]。

(4)禁忌对象和特赦准则。禁忌表中存放的元素即称为禁忌对象,设置禁忌表的作用就是为了防止重复对已搜索过的区域再进行迂回搜索,并引导算法到更有希望的区域进行搜索。存入禁忌表中的元素可以选择解本身,也可以选择解的部分属性等。把已搜索过的解本身存入禁忌表是比较容易理解的,但是对于作业车间调度问题,由于调度结果表达的复杂性,因此把解本身作为禁忌对象进行存储往往是不科学和不现实的。这样的操作会占用大量存储资源,而且在算法的进行中仅判断新解是否已被禁忌的过程就会消耗掉很长的计算时间,从而严重影响算法效率的提高。因此在求解实际问题时,很有必要探索其他更为合理的方法。将解的适配值属性作为禁忌对象存入禁忌表就是一种可行的方法。不过这样也存在一些问题:一方面,以适配值属性作为禁忌对象可能会使之前没有搜索过、本来不应该存在于禁忌表中的解被误禁;另一方面,它又有可能使之前已被搜索过、本应该存在于禁忌表中的解被漏禁。所以以适配值属性作为禁忌对象的方法也并不是绝对理想。特赦准则的作用在于针对上述误禁的情况,在应用适配值属性作为禁忌对象的禁忌搜索算法中,可能会出现优于当前最优解的候选解被禁忌,此时特赦准则将该候选解解禁。此外,还可能出现候选解全部被禁的情况,在这样的情况下,可有选择的使某些解解禁。

(5)禁忌长度和终止准则。禁忌长度也就是禁忌对象的任期,禁忌长度的大小对禁忌搜索算法的搜索过程有着直接的影响,根据求解问题的特点,禁忌长度可以设定为一个固定值,也可以将其设定为一个区间内的变化值。为了使算法在可接受的时间内求出问题的解,必须设置一个合理的算法终止准则来结束整个搜索过程,通常使用的算法终止准则有设定最大迭代次数、设定优化结果与最优结果之间的差别区间、设定优化结果连续保持不变的次数,等等。

(6)集中性和广泛性搜索策略。集中性搜索策略和广泛性搜索策略是提高禁忌搜索算法优化性能很重要的两个组成部分。在简单的禁忌搜索算法中,前述的基本组成要素能够实现算法的短期记忆功能。在更加复杂的禁忌搜索算法中,一般还要包含其他更为复杂的元素,如实现算法的中期和长期记忆功能,以增强算法的集中性搜索和广泛性搜索的能力。集中性搜索策略是引导算法在可能存在最优解的区域进行全面集中搜索的一种策略。它对算法运行过程中的某个阶段求得的多个优良解进行分析,将这些优良解共有的属性看作是"优良"解所应具备的区域属性。在之后的搜索中,对移动操作实施控制,以使得发现的新解也包含上述属性。广泛性搜索策略的原理恰好与之相反,为了防止算法搜索不到解空间的有些区域,它将搜索结果的不理想归咎于搜索记录中的一些共同属性,根据从搜索历史记录中所得到的信息,重新确定搜索起点进行新的搜索过程,将搜索过程引入新的搜索区域,实现了搜索的广泛性。在许多应用中,单凭短期记忆就可以求得比使用其他一般搜索方法更好的解,此时可以不再运用更长时间范围内的记忆功能。然而,对于求解高难度、复杂问题,运用集中性和广泛性搜索策略非常重要。目前,如何把禁忌搜索算法与其他方法结合以更好的发挥集中性和广泛性搜索能力是研究的重点。

5.3.2 GATS 混合算法步骤与流程

由于 TS 具有较强的局部搜索能力,但是它的全局搜索能力有限,而 GA 具有很强的全局搜索能力,但是具有易早熟和陷入局部最优的不足。因此,在本章,利用 GA 提供并行搜索主框架,结合遗传群体进化和 TS 较强的避免迂回搜索能力的邻域搜索,实现快速全局优化。算法步骤如下所述,算法流程图如图 5-2 所示。

Step1:确定算法参数,初始化种群,确定最优状态(具有最优适应度值的个体),令进化代数 $g=0$。

Step2:判断算法终止条件($g>G$)是否满足?若满足,则终止算法并输出最优状态;否则,继续以下步骤。

Step3:基于当前种群进行选择操作。

Step4:进行交叉和变异操作,形成临时种群,保留优良个体并及时更新最优状态。

Step5:对临时种群中的每个个体进行禁忌搜索,过程如下:

(1)设置 TS 邻域搜索次数 $t=0$;把当前个体作为当前临时状态。

(2)判断 TS 邻域搜索次数是否满足($t \geqslant T$)?若满足,且当前临时状态优于当前个体,则以当前临时状态替换当前个体,否则保持当前个体不变;否则,继续以下步骤。

(3)由当前临时状态在其邻域中产生新状态解集(新解的产生方法见后文所述,解集中解的个数已知),计算新状态解集中各解对应的适应度值,并按降序排序。

(4)判断新状态解集中最优解是否满足藐视准则(判断方法见后文所述)?若成立,则更新当前最优状态,并以新状态替换当前临时状态;$t=t+1$,转(2);否则,继续下一步。

(5)选择用新状态解集中最优的非禁忌解替换当前临时状态,

第5章 混流加工-装配系统分批和排序的集成优化

将新状态加入禁忌表,然后根据禁忌表的长度及禁忌解的数量,判断采用FIFO的规则是否解禁某个解;$t=t+1$,转(2)。

Step6:$g=g+1$,以新的种群返回Step2。

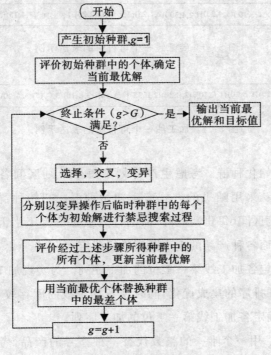

图5-2 GATS算法流程图

5.3.3 算法关键步骤实现

(1)编码。装配线和加工线都采用三值字符串的编码方式。如图5-3和图5-4所示分别是装配线和一条部件加工线的可行解的示例。数值对中的第一个值代表调度区间,第二个值代表产品

(或部件)类型,第三个值代表该种类型产品(或部件)当天需求的数量,也是当天至少要生产该类型产品(或部件)的数量,分批以后,该数量可能会增多。

(1,1,15)(1,2,20)(1,3,10)(1,4,25); (2,4,30)(2,1,25)(2,3,10)(2,2,20); (3,3,10)(3,4,15)(3,1,20)(3,2,25)

图 5-3 装配线一个可行解的表达示例

(1,A,15)(1,B,20)(1,C,10); (2,C,30)(2,B,35)(2,A,10); (3,B,10)(3,C,15)(3,A,20)

图 5-4 加工线一个可行解的表达示例

(2)初始化种群。考虑生产计划中每个计划区间各种产品的需求量约束,采用随机的方式产生初始种群。初始种群的染色体中每个调度区间(每班)各种产品的计划数量值等于当天的该产品的需求量,而各种产品的生产顺序随机确定。

(3)确定各加工线第一工位的加工序列。为实现加工-装配系统的批量和排序的集成优化,同时使各加工线的库存较小,提出了下述方法确定各加工线第一工位的加工序列。

Step1:用一个唯一的整数代替一种型号的产品,考虑装配计划中各种产品的需求和多余库存约束,随机产生一个混流装配线可行的投产序列。

Step2:用一个唯一的字母代替一种型号的部件,根据产品-部件消耗关系确定各加工线第一工位临时的部件投产序列。

Step3:将个调度区间同种型号的部件的数量进行合并。

Step4:根据各部件多余的库存量,对上述各加工线第一工位

第 5 章 混流加工－装配系统分批和排序的集成优化

临时投产序列进行调整,对于每种部件,如果多余库存量超过临时投产序列中该种部件的计划数量,则从该投产序列中删除所有该种部件,否则,在临时投产序列中从前往后依次删除与多余库存量相同数量的该种部件,则临时投产序列中剩下的各部件型号的组合即为各加工线第一工位实际的投产序列。

以由一条混流装配线和两条部件加工线组成的加工-装配系统为例,举例说明上述过程。假定混流装配线可以装配 4 种不同的产品,分别编码为 1,2,3,4,在三个调度区间各产品的需求量分别为为(15,20,10,25),(25,20,10,30)和(20,25,10,15);部件加工线 1 可以加工 3 种部件,分别编码为 A,B,C;部件加工线 2 可以加工 3 种部件,分别编码为 D,E,F。根据上述定义,则由装配线一个可行的装配序列产生各条加工线第一工位加工序列的过程如图 5-5 所示。

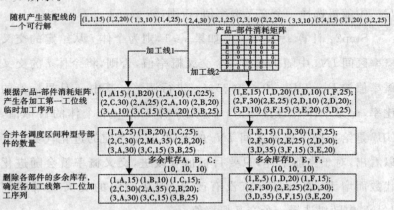

图 5-5 确定各加工线第一工位加工序列

(4)评价函数。评价函数包括三项内容:正常生产时间内的生产成本、超过正常生产时间的生产成本和库存总成本,即

$$F = \sum_{l=1}^{L} \sum_{i=1}^{N_l} \sum_{T=1}^{T} \sum_{d=1}^{T} (x_{1id} - D_{lid})h_{1i} + \sum_{l=1}^{L}(makespan_l \times cost_{l1} + overtime_l \times cost_{l2}) \qquad (5-5)$$

式中,如果令 $cost_{l2} \gg cost_{l1}$,则可得到具有最小超过正常工作时间的结果。

(5)选择操作。采用轮盘赌的方法进行选择操作,其做法是,每次任意选择两个染色体,具有较好适应度值的染色体即被选中,重复此操作,直到种群中个体的数量满足为止。

(6)交叉操作。按照自适应的交叉概率 P_c 选择成对的交叉父本,自适应地调整交叉概率步骤如下:

Step1:如果 $l=1$,则为第一个个体从给定的交叉概率区间 IN_c 中随机选择一个交叉概率值,否则,转 Step2。

Step2:计算 $s=v_l/v_{l-1}$,如果 $s \geqslant 1$,则为个体 l 从给定的交叉概率区间 IN_c 中随机选择一个交叉概率值,否则,将个体 l 的交叉概率值按 $P_c = UB_c + 0.00035 \times g$ 进行调整。其中,s 是目标值的比率,v_l 是个体 l 的目标值,v_{l-1} 是个体 l 前一个个体的目标值,UB_c 是给定交叉概率区间 IN_c 的上限,g 是当前的进化代数。可以看出,对于当前个体,只要目标值有改进,交叉概率就会随进化代数而增大,如果目标值没有改进,则从给定的交叉概率区间 INN_c 中随机选择一个交叉概率值。

交叉过程如下:首先,任选一种产品类型,交换两个染色体中该种类型产品在各个调度区间的批量。在图 5-6 中,假设选择用

第5章 混流加工-装配系统分批和排序的集成优化

来交换批量的产品是 2;然后,对于每个染色体,随机选择一个调度区间,任选两种产品,交换其生产顺序,假设对第一个染色体选择的第二个调度区间,被选择的两种产品分别是 1 和 2;对于第二个染色体选择的是第三个调度区间,被选择的产品型号分别是 3 和 4,交叉过程和交叉结果如图 5-6、图 5-7 和图 5-8 所示,从而产生两个子代个体;最后,从父本个体和子代个体(共四个)中选择两个最好的个体去替换两个父本个体。

(1,1,15)(1,2,20)(1,3,10)(1,4,25);(2,4,30)(2,1,25)(2,3,10)(2,2,20);(3,3,10)(3,4,15)(3,1,20)(3,2,25)

图 5-6 交叉操作-交换批量

P1: (1,1,15)(1,2,40)(1,3,10)(1,4,25);(2,4,30)(2,1,25)(2,3,10)(2,2,25);(3,3,10)(3,4,15)(3,1,20)

P2: (1,4,25)(1,1,15)(1,2,20)(1,3,10);(2,2,20)(2,4,30)(2,1,25)(2,3,10);(3,1,20)(3,3,10)(3,4,15)(3,2,25)

图 5-7 交叉操作-交换顺序

O1: (1,1,15)(1,2,40)(1,3,10)(1,4,25);(2,4,30)(2,2,25)(2,3,10)(2,1,25);(3,3,10)(3,4,15)(3,1,20)
O2: (1,4,25)(1,1,15)(1,2,20)(1,3,10);(2,2,20)(2,4,30)(2,1,25)(2,3,10);(3,1,20)(3,4,15)(3,3,10)(3,2,25)

图 5-8 交叉后

(7)变异操作。按照自适应的变异概率 P_m 选择用于变异操作的父本个体,自适应地调整变异概率步骤如下:

Step1:如果 $l=1$,则为第一个个体从给定的变异概率区间 IN_m 中随机选择一个变异概率值,否则,转 Step2。

Step2：计算 $s=v_l/v_{l-1}$，如果 $s \geqslant 1$，则为个体 l 从给定的变异概率区间 IN_m 中随机选择一个变异概率值，否则，将个体 l 的变异概率值按 $P_m=UB_m+0.00035 \times g$ 进行调整。其中，s 是目标值的比率，v_l 是个体 l 的目标值，v_{l-1} 是个体 l 前一个个体的目标值，UB_m 是给定变异概率区间 IN_m 的上限，g 是当前的进化代数。可以看出，对于当前个体，只要目标值有改进，变异概率就会随进化代数而增大，如果目标值都没有改进，则从给定的变异概率区间 IN_m 中随机选择一个变异概率值。

变异过程如下：首先，从第一个调度区间（第一个班次）开始，检查该区间是否有富余的生产能力，也就是看完工时间的值是否小于当班规定的正常生产时间，若是，则任意选取当班生产的一种产品，将生产该类型产品的下一区间的生产数量加到当班生产的该产品的数量中，在图 5-9 中，假设在第一个调度区间中选择的产品型号是 2。然后对第二个调度区间进行此操作，如果该区间有剩余生产能力，且第三个调度区间仍有该类型产品，则该类型产品优先考虑，否则再任选第二区间生产的其他类型产品，重复以上操作。然后，随机选择一个调度区间，任选两种产品，交换其生产顺序，假设选择的是第三个调度区间，被选择的产品型号分别是 1 和 3，变异的过程和变异的结果如图 5-9、图 5-10 和图 5-11 所示。

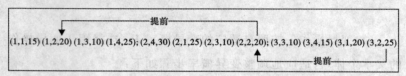

图 5-9　变异操作-调整批量

第5章 混流加工-装配系统分批和排序的集成优化

```
                                                        交换
(1,1,15)(1,2,40)(1,3,10)(1,4,25);(2,4,30)(2,1,25)(2,3,10)(2,2,25);(3,3,10)(3,4,15)(3,1,20)
```

图 5-10 变异操作-交换顺序

```
(1,1,15)(1,2,40)(1,3,10)(1,4,25);(2,4,30)(2,1,25)(2,3,10)(2,2,25);(3,3,20)(3,4,15)(3,3,10)
```

图 5-11 变异后

(8) 邻域结构。随机选择调度区间,然后采用 INV 算子产生邻域候选解集,也就是任选两种产品型号,然后将此两种型号(含此两种型号)之间的元素逆序。

(9) 禁忌对象。选取装配线的装配序列本身作为禁忌对象。

(10) 禁忌长度和候选解:先确定禁忌表的长度,然后采用 FIFO 的方法决定是否解禁某个解;候选解集选为当前状态的邻域解集的一个子集,解集大小为4。

(11) 藐视准则。采用基于适配值的准则,若某个禁忌候选解的适配值优于当前已知最好解,则解禁此候选解为当前临时状态和新的当前最优解。

5.3.4 自适应遗传算法(AGA)步骤与流程

为了测试本章所提出的 GATS 混合算法的优化性能,将该混合算法的计算结果与一种自适应的遗传算法的结果进行比较,该遗传算法的步骤如下所述,算法流程图如图 5-12 所示,算法关键步骤的实现过程同 5.3.3 节中相关部分所述。

Step1：确定算法参数，初始化（装配线）种群，确定最优状态（具有最优适应度值的个体），令进化代数计数器 $g=0$。

Step2：判断算法终止条件（$g>G$）是否满足？若满足，则终止算法并输出最优状态；否则，继续以下步骤。

Step3：基于当前种群进行选择操作。

Step4：进行交叉和变异操作，保留优良个体并及时更新最优状态。

Step5：$g=g+1$，以新的种群返回 Step2。

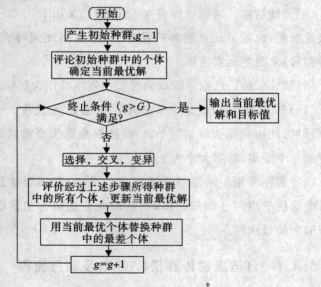

图 5-12　AGA 算法流程图

第5章 混流加工－装配系统分批和排序的集成优化

5.4 计算实验结果与分析

以 A 企业发动机公司连续三个班次的装配计划为例,需要装配的产品型号共有5种,分别为 481F-1000010-1,481H-1000010-1,484F-1000010-1,DA2-0000E01AA 和 DA2-0000E02AA。班次生产能力为240件。装配线的机器组成、缓冲区容量、装配时间等数据见3.7节中所述。各条加工线的机器组成、缓冲区容量、加工时间数据见2.5节中所述。本节进行两组计算试验,在第一组试验中,装配线连续三个班次生产计划见如表5-1所示,在第二组的计算试验中,装配线连续三个班次的生产计划如表5-2所示。产品和5C件的消耗对应关系如表3-4所示。发动机超过安全库存的多余库存量分别为(0,0,0,0,0);缸体线的多余库存(5,0,5);缸盖线的多余库存(5,5,0,0);曲轴线的多余库存(5,0);凸轮轴线的多余库存(8,0,5,2,2)。发动机、缸体、缸盖、曲轴和凸轮轴在一个调度区间单件库存成本之比为 0.2∶0.12∶0.1∶0.05∶0.01;正常工作时间内单位时间生产成本之比为 2∶1.5∶1.2∶1.6∶1;超过正常生产时间单位时间生产成本之比为 4∶3∶2.4∶3.2∶2。

本章中的算法采用 C++ 进行编程,并在 PC 机(Pentium (R) 4,CPU 2.80 GHz, 512 M)上进行了实现。经过算法参数敏感性计算试验,选择的 GATS 算法参数如下:种群规模:20,进化代数:20,初始交叉概率区间:[0.60,0.80],初始变异概率区间:[0.2,0.4],禁忌表长度:10,邻域搜索次数:3;AGA 算法的参数:种群规模:50,进化代数:100,初始交叉概率区间:[0.60,0.80],初始变异概率区间:[0.2,0.4]。表5-3和表5-4列出了第一组实验中GATS混合算法和AGA算法的优化结果,CPU计算时间分别为2 043 s和2 458 s。表5-5和表5-6列出了第二组计算试验中GATS混合算法和AGA算法的优化结果,CPU计算时间分别为2 460 s和2 882 s。

表5-1 发动机订单需求

需求量/台	发动机				
	481F-1000010-1	481H-1000010-1	484F-1000010-1	DA2-0000E01AA	DA2-0000E02AA
班次1	20	30	30	30	30
班次2	20	30	50	40	40
班次3	50	30	20	70	30

第5章 混流加工-装配系统分批和排序的集成优化

表 5-2 发动机订单需求

需求量/台	发动机				
	481F-1000010-1	481H-1000010-1	484F-1000010-1	DA2-0000E01AA	DA2-0000E02AA
班次1	40	50	30	50	30
班次2	20	30	50	40	40
班次3	50	30	20	70	30

表 5-3 GATS优化结果

装配线序列	缸体线序列	缸盖线序列	曲轴线序列	凸轮轴序列	目标值/元
(1,4,30)	(1,C,95)	(1,F,30)	(1,H,75)	(1,J,72)	
(1,2,30)	(1,A,45)	(1,E,25)	(1,I,100)	(1,M,148)	
(1,1,20)	(1,B,30)	(1,D,45)	(2,H,90)	(1,L,25)	542 255.4
(1,3,30)	(2,C,40)	(1,G,70)	(2,I,50)	(1,N,28)	
(1,5,70)	(2,B,50)	(2,F,40)	(3,H,150)	(1,K,70)	
(2,4,40)	(2,A,50)	(2,D,70)	(3,I,50)	(2,J,110)	

续表

装配线序列	缸体线序列	缸盖线序列	曲轴线序列	凸轮轴序列	目标值/元
(2,3,50)				(2,M,110)	
(2,2,30)				(2,L,30)	
(2,1,20)		(2,E,30)		(2,N,30)	
(3,4,70)	(3,C,100)	(3,F,70)		(3,J,140)	
(3,2,30)	(3,A,80)	(3,E,30)		(3,M,170)	
(3,3,20)	(3,B,20)	(3,D,70)			
(3,5,30)		(3,G,30)		(3,L,30)	
(3,1,50)				(3,N,30)	
				(3,K,30)	

表 5-4　AGA 优化结果

装配线序列	缸体线序列	缸盖线序列	曲轴线序列	凸轮轴序列	目标值/元
(1,4,30)	(1,C,55)	(1,F,30)	(1,H,95)	(1,J,92)	
(1,2,30)	(1,A,65)	(1,E,25)	(1,I,60)	(1,M,128)	
(1,3,30)	(1,B,30)	(1,D,65)	(2,H,70)	(1,L,25)	
(1,1,40)	(2,C,80)	(1,G,30)	(2,I,90)	(1,N,28)	543 090.9
(1,5,30)	(2,B,50)	(2,F,40)	(3,H,150)	(1,K,30)	
(2,4,40)	(2,A,30)	(2,D,50)	(3,I,50)	(2,J,90)	
(2,3,50)	(3,C,100)	(2,E,30)		(2,M,130)	

第5章 混流加工-装配系统分批和排序的集成优化

续表

装配线序列	缸体线序列	缸盖线序列	曲轴线序列	凸轮轴序列	目标值/元
(2,2,30)				(2,L,30)	
(2,5,40)		(2,G,40)		(2,N,30)	
(3,4,70)	(3,A,80)	(3,F,70)		(2,K,40)	
(3,5,30)	(3,B,20)	(3,G,30)		(3,J,140)	
(3,2,30)		(3,E,30)		(3,M,170)	
(3,3,20)		(3,D,70)		(3,K,30)	
(3,1,50)				(3,L,30)	
				(3,N,30)	

表 5-5 GATS优化结果

装配线序列	缸体线序列	缸盖线序列	曲轴线序列	凸轮轴序列	目标值/元
(1,4,50)	(1,C,75)	(1,F,50)		(1,J,112)	
(1,2,50)	(1,A,85)	(1,E,45)	(1,H,135)	(1,M,148)	
(1,1,40)	(1,B,30)	(1,D,65)	(1,I,60)	(1,L,45)	
(1,3,30)	(2,C,80)	(1,G,30)	(2,H,90)	(1,N,48)	609 703.8
(1,5,30)	(2,A,50)	(2,F,40)	(2,I,90)	(1,K,30)	
(2,4,40)	(2,B,50)	(2,E,30)	(3,H,150)	(2,J,110)	
(2,2,30)	(3,C,100)	(2,D,70)	(3,I,50)	(2,M,150)	
(2,3,50)	(3,A,80)	(2,G,40)		(2,L,30)	

续表

装配线序列	缸体线序列	缸盖线序列	曲轴线序列	凸轮轴序列	目标值/元
(2,1,20)				(2,N,30)	
(2,5,40)				(2,K,40)	
(3,4,70)		(3,F,70)		(3,J,140)	
(3,2,30)	(3,B,20)	(3,E,30)		(3,M,170)	
(3,1,50)		(3,D,70)		(3,L,30)	
(3,3,20)		(3,G,30)		(3,N,30)	
(3,5,30)				(3,K,30)	

表 5-6 AGA 优化结果

装配线序列	缸体线序列	缸盖线序列	曲轴线序列	凸轮轴序列	目标值/元
(1,3,30)	(1,B,30)	(1,D,65)		(1,J,112)	
(1,4,50)	(1,C,75)	(1,F,50)	(1,I,60)	(1,M,148)	
(1,1,40)	(1,A,85)	(1,E,45)	(1,H,135)	(1,L,45)	
(1,2,50)	(2,C,80)	(1,G,30)	(2,H,90)	(1,N,48)	
(1,5,30)	(2,A,50)	(2,F,40)	(2,I,90)	(1,K,30)	612 675.2
(2,4,40)	(2,B,50)	(2,D,70)	(3,I,50)	(2,J,110)	
(2,1,20)	(3,B,20)	(2,G,40)	(3,H,150)	(2,M,150)	
(2,3,50)	(3,C,100)	(2,E,30)		(2,K,40)	

第5章　混流加工-装配系统分批和排序的集成优化

续表

装配线序列	缸体线序列	缸盖线序列	曲轴线序列	凸轮轴序列	目标值/元
(2,5,40)				(2,L,30)	
(2,2,30)				(2,N,30)	
(3,3,20)		(3,D,70)		(3,J,140)	
(3,4,70)	(3,A,80)	(3,F,70)		(3,M,170)	
(3,5,30)		(3,G,30)		(3,K,30)	
(3,1,50)		(3,E,30)		(3,L,30)	
(3,2,30)				(3,N,30)	

从以上两组实验的计算结果可以看出：①GATS混合算法的计算结果均优于AGA的计算结果；②混合算法的CPU计算时间要短于自适应遗传算法的计算时间；③对于第一组计算试验，从表5-3中可以看出，第二个调度区间需要的产品5，被提前到了第一个调度区间里进行生产，这是因为第一个调度区间需求的产品总数量较少，造成生产能力过剩，为了充分利用该调度区间的生产能力，按照本章提出的优化目标，对第一和第二调度区间的生产产品的种类和批量进行了重新分配和调整；同时，三个调度区间里各种产品的生产顺序都进行了优化调整。④对于第二组计算试验，从表5-5中可以看出，每个调度区间各种产品的生产顺序都经过了优化调整，但是各个调度区间中产品的种类和批量同生产计划中没有区别，这是因为，各个调度区间生产的产品总数量已接近额定

的生产能力,生产能力剩余不多,如果将第二、第三调度区间中的产品调整到较前的调度区间里进行生产,势必会造成前一个调度区间的实际完工时间超过该区间的额定生产能力,以致引起超时完工时间成本大幅增加,而且也会是产品的库存成本增加,这样就不能使本章提出的优化目标得到优化。

5.5　小结

为克服本书第 1~4 章中完全混流排序方法的结果可能造成频繁切换,以致引起错漏操作的缺点,本章对加工-装配系统的批量和排序问题进行了研究,以装配车间连续三个班次的生产计划为输入,以最小化加工-装配系统总的正常完工时间成本、超时完工时间成本和库存成本为目标,建立了优化数学模型,提出了一种基于遗传算法和禁忌搜索算法的混合求解方法,应用生产现场的实际生产数据,将该算法的优化性能与自适应遗传算法进行了比较,验证了该混合算法的有效性。

第 6 章 优化排序方法在发动机混流生产计划管理中的应用

本章结合 A 企业发动机公司的实际需求,对发动机混流生产计划管理的现状、存在问题以及需求进行分析,开发了一套面向发动机混流生产的计划管理软件系统,并把本书第 2~5 章的优化排序方法应用到该系统中,使研究成果能够在企业中得到实际应用。

6.1 发动机混流生产计划管理的现状、存在问题及需求分析

对于大部分生产企业,生产计划一般分为厂级和车间级生产计划。厂级生产计划包括年度、月、周计划,分别起不同程度的宏观指导作用;车间级计划包括日计划和班次计划,其中班次计划对生产进行最直接的指导,如果一天中只安排一个班进行生产,则日计划与班次计划相同。下面分别对 A 企业发动机公司的厂级和车间生产计划的管理现状进行简要分析。

1. 厂级生产计划管理现状

(1) 年度计划。总公司生产部根据销售部门下一年的订单、合同及预测在当年的 11 月底之前制订总公司的下一年年度整车销售计划,该计划明确了下一年每个月整车的需求量,年度整车销售计划上也标明了整车与发动机的型号对应关系。发动机公司生产部根据总公司的年度计划,结合发动机年度出口计划和发动机销售计划,制订发动机公司的年度生产计划,确定下一年各个月份生产各种发动机的数量。年度计划中的数量准确性较差,只对生产起到宏观指导作用。

(2) 月计划。以市场需求和当前的生产能力为依据,参照年度计划制订月计划,并在当月 15 日之前制订出下个月的生产计划,月计划列出一个月之中的每一天每一条生产线上各种产品的产量。与此同时,部分零部件供应商也会得到此计划,以方便备货。

(3) 周计划。工作周的算法:第一周(每月的第 1~7 天);第二周(每月的第 8~14 天);第三周(每月的第 15~21 天);第四周(每月的第 22 天到月底)。总公司每月的第 5,12,19,28 天组织下一周的计划评审会议,对销售公司、国际公司需求的可行性进行评审,从而确定下一周的生产计划。此计划明确了下一周每一天各条生产线各种产品的任务数量。

2. 车间级生产计划管理现状

目前,在 A 企业发动机公司,指导装配线生产的车间级计划主要是指根据总装厂整车装配三日滚动计划对应得出的发动机日生产计划。该计划按照整车的上线计划,考虑发动机的库存,先需要的先排产,从而制订装配线的日生产计划。对加工线,则按照周计

第6章 优化排序方法在发动机混流生产计划管理中的应用

划中每日计划安排生产,不再单独制订日生产计划。在日计划的制订过程中,主要考虑的因素包括总装需求数量和现有产品库存情况,再结合生产能力和班次安排情况完成每班生产数量的确定和生产顺序的编排。总装三日滚动计划对发动机公司的生产计划有直接影响,总装给出未来三天的装配计划,发动机公司生产部据此得出对应的发动机需求情况,从而组织发动机公司部件加工线和装配线的生产。

根据 A 企业发动机公司生产计划管理的现状,对于其生产计划管理存在的问题分析如下:

(1)虽然生产系统的自动化程度很高,但由于没有建立良好的生产计划管理信息系统,因此生产计划的编排和传达均依靠相关人员的人工操作,工作量大,而且易于出错。A 企业发动机公司的生产计划是根据总装的整车需求量来制订发动机装配线的生产计划的,而这一过程中的计划转换均是通过手工操作完成的。由于 A 公司的汽车型号较多,与发动机的对应关系也比较复杂,因此极易出现差错,整个计划的编排过程自动化水平较低。

(2)缺乏有效的排产技术,造成生产周期长,库存量大。目前,A 企业发动机公司生产排序都是依靠调度员凭经验安排的,没有对生产序列进行优化处理,这造成装配线和各条部件加工线的生产周期较长、库存量大。该公司的库存分为两部分:一是发动机成品库存,二是 5C 件库存。造成发动机成品库存量大的主要原因:一是发动机公司为确保整车连续装配对发动机的需求,设立的各型号发动机的安全库存量大;二是发动机的生产并没有严格按照整车生产的顺序进行。造成 5C 件库存量大的主要原因是各 5C 件生产线为保证发动机装配线的需求,通常都会有发动机装配线一个班次所需的 5C 件库存量,也就是说,5C 件生产线当班生产的 5C 件并不是供装配线当班所用,而基本上都会变成新的库存。

(3)车间缺乏准确及时的现场信息采集手段,生产计划的执行信息获取手段落后、信息反馈的及时性较差。指导加工线生产的计划是周计划,指导装配线生产的计划是班次计划,各车间在得到生产计划后自行组织各自的生产。目前做法是各车间在所管辖的各条生产线上线处放置一块白板,每个班开始生产以前,由车间领导在白板上写明各条线生产的产品种类及数量,并注明生产的先后顺序,操作工人按照白板上的要求进行生产,换班以前,各车间的统计员在将本车间各条线各班生产的产品数量及质量等情况上报生产部统计员进行汇总。因此,车间以及公司的管理人员不能够实时掌握各生产计划的完成数量及质量信息,也不能实时掌握在制品信息。一旦出现生产异常,需要较长时间才能够通知到各个协作部门,有时甚至影响整车装配的需要。

通过以上分析可以得出:A 企业发动机公司虽然实现了生产系统较高程度的自动化和柔性化,但计划管理手段落后,急需采用科学的管理手段和方法来提高计划管理水平,更好地发挥现有的生产能力。

通过对 A 企业发动机公司计划管理现状及存在问题的分析,确定该公司计划管理系统的需求如下:

(1)建立计划管理信息系统。实现整车-发动机以及发动机-5C 件计划的自动化转换,实现各个相关职能部门之间的信息共享,提高信息传递和反馈的及时性。

(2) 优化排产。以各条线的班次生产计划为输入,以缩短加工时间、装配周期、平顺化部件消耗和降低企业库存为目标,考虑车间多种约束,采用有效的智能算法,优化各条线的生产序列,提高整个生产系统的生产效率,增强公司的市场竞争能力。

(3) 计划执行与跟踪管理。对生产计划进行实时的、全过程的跟踪管理,并进行实时的生产统计,生成相关统计报表。同时,与物料管理系统结合,完成物料管理的相关功能。

(4) 实现无纸化作业。对各级计划的接收、制订、下发、修改、统计等过程中涉及的各种表单实现无纸化操作。

6.2 计划管理流程图

综上分析,对于 A 企业发动机公司的计划管理,提出了如图 6-1 所示的流程图。

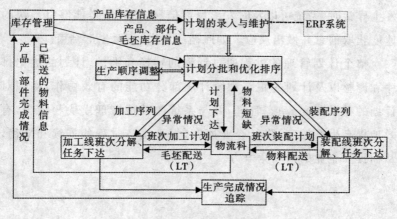

图 6-1 计划管理流程图

对流程图说明如下:首先,发动机公司生产部调度员从总公司ERP系统接收总公司整车装配三日滚动计划,然后,按照整车-发动机消耗对应关系对三日滚动计划进行转换和维护,根据各型号发动机的库存量和分班情况,对应生成发动机公司装配线分班次的三日装配计划。然后,对于装配线,以发动机的班次装配计划为输入,可以分别对单条装配线、整个加工-装配系统选择不同的优化目标对班次生产计划进行优化排产,并在需要的情况下对系统的排产结果进行人工调整。接下来将各生产线的班次生产计划下达至生产现场和物流科;对于各条加工线,可以根据各加工线的周计划和现有库存量和分班情况,确定每日各班次实际要加工各种部件的数量,选择优化目标进行优化排序,并在需要的情况下对系统的排产结果进行人工调整。然后,将各加工线的班次生产计划下达到生产现场和物流科。通过生产现场的数据采集系统,生产信息不断地反馈给系统作为统计数据录入到数据库;当既定生产发生异常时,系统可以及时发出反馈信息,使调度员能够以最快的速度获取信息并做出反应。如此循环下去,直至生产结束。

整个计划管理的过程通过计划的转换和维护、计划的优化排序和调整以及计划的跟踪和统计三部分功能的有效协作,实现对计划的科学调度、动态管理,并与系统的其他管理模块相结合,有效地提高生产效率,降低企业库存,保证生产过程的连续和平稳,从而提高企业的市场竞争力。

6.3 系统结构与功能分析

6.3.1 系统总体结构

发动机协同制造系统包括计划管理、物流管理、生产线作业管理、生产线终端管理等功能子系统,系统总体结构如图 6-2 所示。

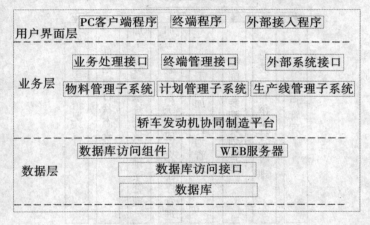

图 6-2 系统总体结构

本系统的架构采用 B/S 模式。B/S 模式将系统分为用户界面层、业务层、数据层三个层次,客户通过浏览器提交请求,以 Http 的方式与业务服务层各功能模块进行传接与交互,通过命令处理与数据库操作,响应用户的请求。

6.3.2 计划管理系统的功能分析

计划管理系统包括总装三日滚动计划管理、装配线装配计划管理、加工线加工计划管理、加工-装配系统集成优化排序管理、加工-装配系统批量和排序管理、计划执行状态查询、计划完成情况统计、用户管理等相关功能。系统功能框架如图6-3所示。

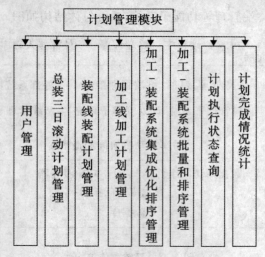

图6-3 计划管理系统功能框图

系统各模块的功能描述如下:

1. 总装三日滚动计划管理

总装三日滚动计划是整个生产系统生产计划的起点。本功能模块通过技术实现,减少车间计划管理相关人员的手工操作,提高计划制订的效率,避免错误的产生。具体功能包括①导入:将总装

第6章 优化排序方法在发动机混流生产计划管理中的应用

厂三日滚动计划(Excel 格式)导入系统。②生成发动机三日滚动装配计划:通过对数据库中"车型信息表"和"车型与发动机对应表"进行操作,将"三日滚动计划"中整车的装配生产计划依次转化为发动机的需求计划,生成发动机三日滚动装配计划,信息包括生产日期,班次,型号,需求数量等。③查询:总装计划信息的查询,支持关键字的模糊查询。

2. 发动机装配计划管理

本模块主要实现以下功能:①班次装配计划的确认:根据装配线装配三日滚动计划,分离出当日各班次的生产计划,读取数据库"库存表"中相关型号发动机的库存数量,由生产部调度员人工确定输入当日每班次各种发动机的实际生产产品品种和数量。②优化排产:确认当日各班次各型号发动机的生产量后,对班次生产计划进行多目标优化排产。此部分功能由本书第3章的研究内容提供支持,是整个计划管理中的关键技术之一。③人工调整:在优化排产操作完成后,如果系统自动排产计划符合要求,则可以直接下发至装配线;如果系统自动排产计划不符合要求,可以由相关工作人员对排产结果进行人工调整(加工数量、加工顺序等),待调整完成后下发至装配线。

3. 加工线加工计划管理

本功能模块主要包括①加工线周计划的导入:将加工线周计划(Excel 格式,包括生产日期,班次,型号,需求数量等信息)导入系统。②加工线班次加工计划的确定:由周计划分离出当日各班次的加工计划,根据各部件的现有库存量,确定各部件实际需求的品种和数量。③优化排产:确认当日各班次部件的生产计划后,对计划进行优化排产。此部分功能由本书第 2 章的研究内容提供支持,也是整个计划管理中的关键技术之一。④班次计划的调整与下达:班次加工计划的优化排序结果可以直接下发至个加工线;如果调度员对优化结果不满意,可以对还未下发的计划可以进行调整,待调整完成后再次下发至加工线。

4. 加工 - 装配系统集成优化排序管理

本功能模块主要实现加工 - 装配系统班次生产计划集成优化排序的管理,主要功能包括①装配线班次装配计划的确认:根据装配线三日滚动装配计划,分离出当日各班次装配计划,读取数据库"库存表"中相关型号发动机的库存数量,由生产部调度员人工确认并输入各型号发动机实际需要的生产量。②优化排产:确认当日各班次各种型号发动机需要装配的数量,对该计划进行加工 - 装配系统多目标集成优化排产。此部分功能由本书第 4 章的研究内容提供支持,也是整个计划管理中的关键技术之一。③人工调整:在集成优化排产操作完成后,如果系统自动排产计划符合要求,则可以分别直接下发至装配线和各条加工线;如果系统自动排产计划不符合要求,可以由调度人员对排产结果进行人工调整(加工数量、加工顺序等),调整完成后,再分别下发至装配线和各条加工线。

5. 加工 - 装配系统批量和排序管理

本功能模块主要实现加工 - 装配系统连续三个班次生产计划批量和排序的管理,主要功能包括①连续三个班次装配计划的确认:根据装配线三日滚动装配计划,分离出连续三个班次的装配计划,读取数据库"库存表"中相关型号发动机的库存数量,由生产部

第6章 优化排序方法在发动机混流生产计划管理中的应用

调度员人工确定并输入各班次各型号发动机实际生产的品种和数量。②优化排产:根据确定的装配线连续三个班次的装配计划,对该计划进行加工-装配系统批量和排序优化。此部分功能由本书第5章的研究内容提供支持,也是整个计划管理中的关键技术之一。③人工调整:在优化排产操作完成后,如果系统自动排产计划符合要求,则可以直接下发至装配线和各条加工线;如果系统自动排产计划不符合要求,可以由相关工作人员对排产结果进行人工调整(加工数量、加工顺序等),调整完成后下发至装配线和各条加工线。

6. 计划执行状态查询

计划执行状态查询是生产监控的一种手段,通过对装配线和各加工线生产计划完成情况的查询,使管理者可以及时掌握生产的进度,并按照需求对生产进行调度。具体查询范围为已完成的计划和正在执行的计划,支持关键字模糊查询。具体功能包括①完工情况查询:发动机或5C件的生产日期,生产序列,产品型号,实际生产数量,现在完成数量,生产状态,完成比例等。②工序任务完成情况查询:在制的每个产品的完工状况、目前所在工位。

7. 用户管理

因为计划管理涉及生产管理者、计划制订者(调度员)、计划执行者等角色,因而为了便于管理,避免操作失误及越权操作,通过用户管理功能对参与人员进行管理。具体功能包括用户名、密码、角色和权限设定等。

6.4　系统的开发和应用环境

6.4.1　开发环境

(1)硬件配置：

CPU 处理器：Intel Core 2 E400 及以上；

内存：1 GB 以上。

(2)软件配备：

操作系统：Windows XP SP2；

开发语言：Java 1.5.0 及以上版本；

开发环境 IDE：MyEclipse 5.5 及以上版本；

数据库服务器：Microsoft SQL Server 2000 中文开发版；

Web 应用服务器：Apache - Tomcat 6.0.18；

Web 页面编辑器：Dreamweaver。

6.4.2　应用环境

因为软件系统计划管理模块采用 B/S 结构，所以客户端的配置采取一般 PC 机即可，仅需要对服务器端进行配置。

(1)服务器端硬件配置：

CPU 处理器：Intel Xeon X3220 以上

内存：1 GB 以上；

硬盘：320 GB 以上；

无故障运行：7×24 h。

(2)服务器端软件配置：

操作系统：Windows 2003 Server；

浏览器：Microsoft IE6.0；

Web 应用服务器：Apache-Tomcat 6.0.18；

数据库服务器：Microsoft SQL Server 2000 企业版；

语言环境：Java JDK1.5.0 及以上版本。

6.5 计划管理系统的软件实现

下面分别列出系统的一些典型页面，对计划管理系统的各个功能进行简要介绍。

6.5.1 总装三日滚动计划管理的实现

总装三日滚动计划管理包括总装三日计划的输入、转换、查询等功能。具体如下：

1. 计划输入与转换

点击系统左侧的树形目录，进入生产计划管理，选择"总装三日滚动计划管理"选项，进入该模块活动区域。如图 6-4 所示。

本系统中，三日计划来源于总公司 ERP 系统导出的 Excel 表格，点击"导入三日计划"按钮出现如图 6-5 所示对话框。追踪到目的文件的物理地址后，点击"确定"即可通过系统后台的数据运算操作，将目的文件中相应的生产信息录入到系统中，如图 6-6 所示，已将名称为"二总(2009.11.2—2009.11.4)"的计划文件成功导入。

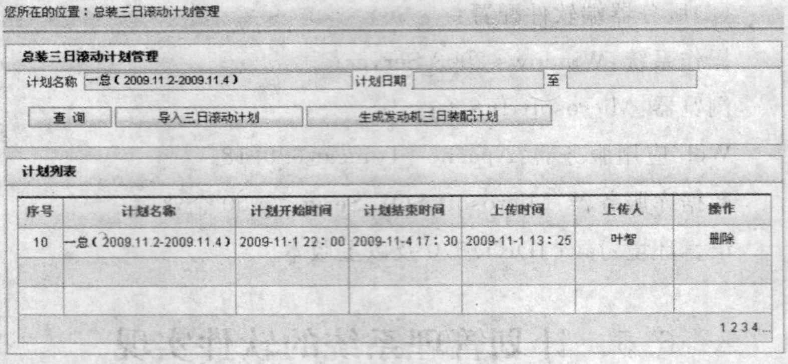

图 6-4　三日滚动计划管理模块

图 6-5　寻址待录入的计划信息文件

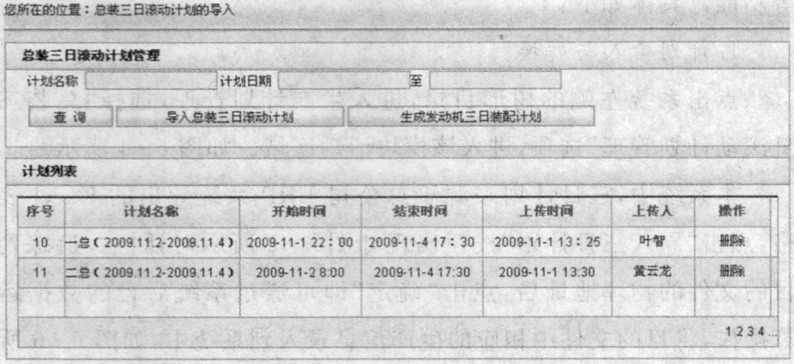

图 6-6　三日滚动计划录入的实现

第6章　优化排序方法在发动机混流生产计划管理中的应用

导入成功后,点击"生成发动机三日装配计划"按钮,系统根据整车与发动机的需求对应关系,即可将整车装配三日滚动计划转换为发动机公司装配线分班次的三日滚动装配计划。

2. 计划查询

当系统内计划的存储量较大时,为了方便用户对计划情况进行了解,提供系统数据库内历史计划信息的查询功能。包括计划名称查询、计划起止时间查询两种方式。以计划名称查询为例,输入计划名称"一总(2009.11.2—2009.11.4)",查询结果如图6-4所示。

6.5.2　装配线计划管理的实现

装配线计划管理,主要包括装配线班次计划的确认、优化排产和人工调整等。

1. 装配线班次计划的确认

打开需要确认的班次装配计划,进入计划显示界面,如图6-7所示,可以看到已经对应生成的发动机班次装配计划的详细信息,包括发动机型号,该型号发动机的现有库存量(将鼠标放在一种产品的显示行上,即可显示该产品的库存量)等,调度员根据实际情况,按照"既满足总装需求,又不继续产生库存"的原则确认当班实际生产量。

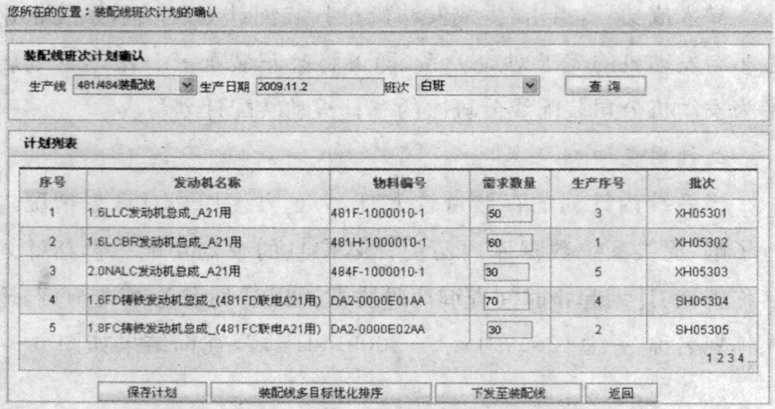

图 6-7 装配线班次计划确认的实现

2. 优化排产

优化排产是根据生产线的要求,对生产序列进行优化,对于装配线选择的优化目标为平顺化部件消耗和最小化最大装配完工时间。确定了装配线班次装配的产品种类和各种产品的装配数量后,在以上界面中点击"装配线多目标优化排序"按钮,经过系统的计算,即可显示出若干可行的优化投产方案,供决策者选择,这样可以充分融入调度员的经验,优化结果显示如图 6-8 所示。调度员根据每个投产方案对应的目标函数值,选中其中一个投产方案,点击"确定"按钮,即可显示出该方案对应的详细的投产序列,如图 6-9 所示。

第6章 优化排序方法在发动机混流生产计划管理中的应用

选取	方案	平顺化目标值	完工时间
○	1	98.4028	4649
●	2	55.3194	5009
○	3	80.5694	4687
○	4	173.9861	4564
○	5	80.4028	4743
○	6	109.3194	4624
○	7	64.4861	4838
○	8	269.6528	4535
○	9	115.2361	4604
○	10	143.8194	4601

图6-8　多目标优化方案

装配线生产顺序
生产线 481/484装配线　生产日期 2009.11.2　班次 白班

装配顺序如下（共240条记录）

生产顺序	发动机名称	物料编号	需求数量	批次号
1	1.6FD铸铁发动机总成_(481FD联电A21用)	DA2-0000E01AA	1	SH05304
2	2.0NALC发动机总成_A21用	484F-1000010-1	1	XH05303
3	1.6LCBR发动机总成_A21用	481H-1000010-1	1	XH05302
4	1.6LCBR发动机总成_A21用	481H-1000010-1	1	XH05302
5	1.6FD铸铁发动机总成_(481FD联电A21用)	DA2-0000E01AA	1	SH05304
6	1.6LLC发动机总成_A21用	481F-1000010-1	1	XH05301
7	1.8FC铸铁发动机总成_(481FC联电A21用)	DA2-0000E02AA	1	SH05305
8	1.6LLC发动机总成_A21用	481F-1000010-1	1	XH05301

图6-9　优化排产的实现

混流加工-装配系统运行优化

3. 人工调整

人工调整是为了对系统优化排产结果进行修改而设计的一项功能。如果经过优化算法计算得到的生产序列符合生产的实际要求,即可点击"下发至装配线"按钮将其按班次下发至生产现场;但有些情况下,系统优化排产的结果并不能完全地符合生产的实际要求,所以就需要调度员对其进行人工调整,只需按住鼠标左键将要调整生产顺序的计划拖拽到需要插入的地方即可,手工调整完毕,点击"保存计划"按钮,然后,点击"下发至装配线"按钮,将调整后的计划按班次下发至生产现场。如图 6-10 所示。

装配线生产顺序			
生产线 481/484装配线	生产日期 2009.11.2		班次 白班

调整后的装配顺序如下(共240条记录)				
生产顺序	发动机名称	物料编号	需求数量	批次号
1	1.6FD铸铁发动机总成_(481FD联电A21用)	DA2-0000E01AA	1	SH05304
2	2.0NALC发动机总成_A21用	484F-1000010-1	1	XH05303
3	1.6LCBR发动机总成_A21用	481H-1000010-1	1	XH05302
4	1.6LCBR发动机总成_A21用	481H-1000010-1	1	XH05302
5	1.6FD铸铁发动机总成_(481FD联电A21用)	DA2-0000E01AA	1	SH05304
6	1.6LLC发动机总成_A21用	481F-1000010-1	1	XH05301
7	1.6LLC发动机总成_A21用	481F-1000010-1	1	SH05301
8	1.8FC铸铁发动机总成_(481FC联电A21用)	DA2-0000E02AA	1	XH05305

<1 2 3 4 5 6>共30页 当前第1页 跳转到第 页

保存计划 下发至装配线 返 回

图 6-10 人工调整的实现

第6章 优化排序方法在发动机混流生产计划管理中的应用

6.5.3 加工线计划管理的实现(以缸盖线为例)

缸盖加工线计划管理主要包括加工线周计划的录入、加工线班次加工计划的分解与确认、班次加工计划的优化排序,以及排序结果的调整及下达等。

(1)周计划的导入界面如图 6-11 所示,点击"导入缸盖线周计划"按钮,进入寻址界面,如图 6-12 所示,点击"浏览"按钮找到要导入计划的地址,点击"确定"按钮即可将选定的周计划导入系统,如图 6-13 所示。

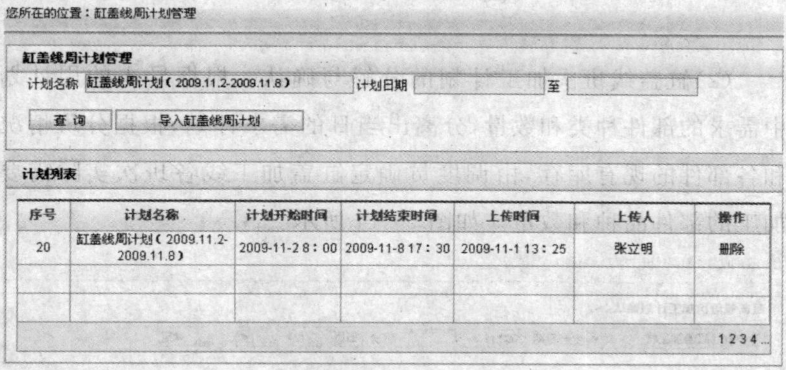

图 6-11 缸盖线计划管理模块

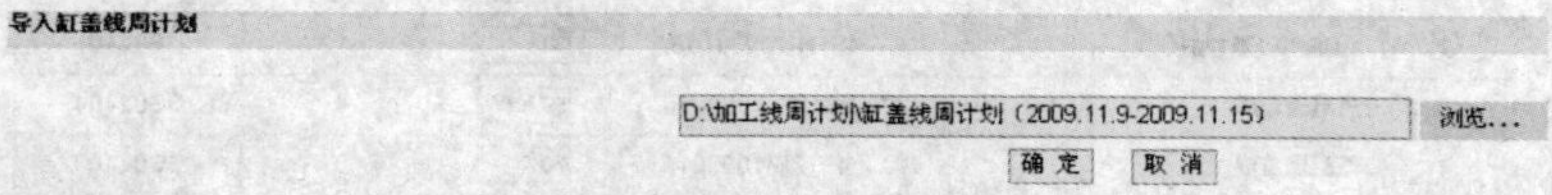

图 6-12 寻址待录入的计划信息文件

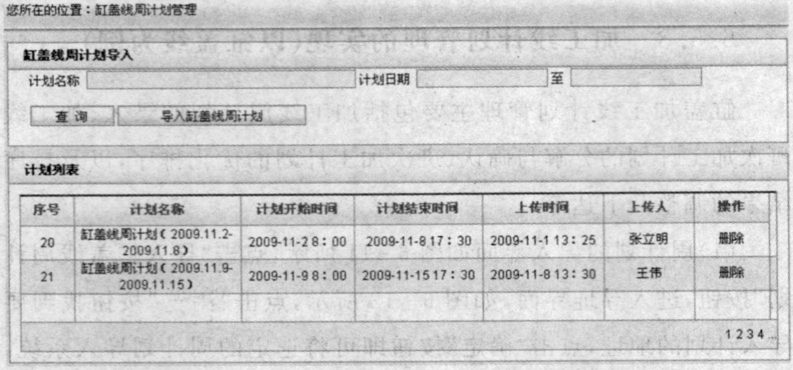

图 6-13 导入周计划

(2)缸盖线班次加工计划的分解与确认。根据导入的周计划中需求的部件种类和数量,分离出当日的需求计划,根据分班情况和各部件的现有库存,由调度员确定缸盖加工线各班次实际需要加工的部件品种和数量。如图 6-14 所示。

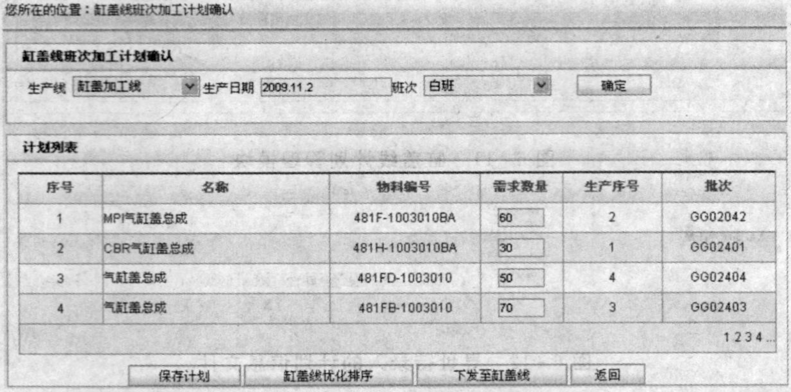

图 6-14 盖线班次计划确认的实现

第6章 优化排序方法在发动机混流生产计划管理中的应用

(3)优化排产。确定了加工线班次加工的部件种类和各种部件的加工数量后,在以上界面中点击"缸盖线优化排序"按钮,对加工线选择的优化目标是最大完工时间,经过系统的计算,即可显示出详细的投产序列,如图 6-15 所示。

生产顺序	名称	物料编号	需求数量	批次号
1	MPI气缸盖总成	481F-1003010BA	1	GG02402
2	MPI气缸盖总成	481F-1003010BA	1	GG02402
3	CBR气缸盖总成	481H-1003010BA	1	GG02401
4	MPI气缸盖总成	481F-1003010BA	1	GG02402
5	CBR气缸盖总成	481H-1003010BA	1	GG02401
6	气缸盖总成	481FD-1003010	1	GG02404
7	气缸盖总成	481FB-1003010	1	GG02403
8	气缸盖总成	481FD-1003010	1	GG02404

图 6-15 优化排产的实现

(4)人工调整。如果经过优化算法得到的生产序列符合生产的实际要求,根据各加工线的生产能力,即可点击"下发至缸盖线"按钮将其分班次下发至生产现场;否则,就需要调度员对其进行人工调整,只需按住鼠标左键将要调整生产顺序的计划拖拽到需要插入的地方即可,手工调整完毕,点击"保存计划"按钮,然后,根据缸盖加工线的生产能力,点击"下发至缸盖线"按钮,将符合实际的计划分班次下发至生产现场。如图 6-16 所示。

混流加工-装配系统运行优化

| 生产线 | 缸盖线 | 生产日期 | 2009.11.2 | 班次 | 白班 |

缸盖线加工顺序如下（共210条记录）

生产顺序	名称	物料编号	需求数量	批次号
1	MPI气缸盖总成	481F-1003010BA	1	GG02402
2	MPI气缸盖总成	481F-1003010BA	1	GG02402
3	CBR气缸盖总成	481H-1003010BA	1	GG02401
4	MPI气缸盖总成	481F-1003010BA	1	GG02402
5	CBR气缸盖总成	481H-1003010BA	1	GG02401
6	气缸盖总成	481FD-1003010	1	GG02404
7	气缸盖总成	481FD-1003010	1	GG02404
8	气缸盖总成	481FB-1003010	1	GG02403

<1 2 3 4 5 6 >共27页 当前第1页 跳转到第 □ 页

保存计划　下发至缸盖线　返回

图 6-16　人工调整的实现

6.5.4　加工-装配系统集成优化排序

包括装配线班次计划的确认、加工-装配系统集成优化排产和人工调整等。

1. 装配线班次计划的确认

打开需要确认的班次装配计划，进入计划显示界面，将鼠标放在一种产品的显示行上，即可显示该产品的库存量等，调度员根据实际情况确定当班实际生产量，如图 6-17 所示。

第6章 优化排序方法在发动机混流生产计划管理中的应用

图 6-17 班次装配计划确认的实现

2. 优化排产

对于加工-装配系统选择的优化目标为平顺化部件消耗和最小化加工-装配系统总的完工时间成本。确定了装配线班次装配计划后,在以上界面中点击"加工-装配系统集成优化排序"按钮,经过系统的计算,即可显示出若干可行的优化投产方案,供决策者选择,这样可以充分融入调度员的经验,优化结果显示如图 6-18 所示。调度员根据每个投产方案对应的目标函数值,选中其中一个投产方案,点击"确定"按钮,即可显示出该方案对应的详细的投产序列,如图 6-19 和图 6-20 所示。

混流加工-装配系统运行优化

加工-装配系统集成优化排序方案

生产日期 2009.11.9　　班次 白班

选取	方案	平顺化目标值	总成本
●	1	178.65	30102.1
○	2	48.05	30724.9
○	3	43.75	30774.4
○	4	81.05	30425.6
○	5	95.75	30349.8
○	6	62.75	30584.4
○	7	98.45	30300.4
○	8	73.15	30443.6

[确定] [取消]

图 6-18　多目标优化方案

装配线生产顺序

生产线 481/484装配线　　生产日期 2009.11.9　　班次 白班

装配顺序如下（共200条记录）

生产顺序	发动机名称	物料编号	需求数量	批次号
1	1.6LLC发动机总成_A21用	481F-1000010-1	1	XH05501
2	1.6FD铸铁发动机总成_(481FD联电A21用)	DA2-0000E01AA	1	SH05504
3	2.0NALC发动机总成_A21用	484F-1000010-1	1	XH05503
4	2.0NALC发动机总成_A21用	484F-1000010-1	1	XH05503
5	2.0NALC发动机总成_A21用	484F-1000010-1	1	XH05503
6	1.8FC铸铁发动机总成_(481FC联电A21用)	DA2-0000E02AA	1	SH05505
7	1.6LCBR发动机总成_A21用	481H-1000010-1	1	XH05502
8	1.6FD铸铁发动机总成_(481FD联电A21用)	DA2-0000E01AA	1	SH05504

<123456>共25页 当前第1页 跳转到第　页

[保存计划] [下发至装配线] [返回]

图 6-19　装配线优化排产结果

第6章 优化排序方法在发动机混流生产计划管理中的应用

| 生产线 | 缸盖线 | 生产日期 | 2009.11.8 | 班次 | 中班 |

缸盖线加工顺序如下（共180条记录）

生产顺序	名称	物料编号	需求数量	批次号
1	MPI气缸盖总成	481F-1003010BA	1	GG02601
2	MPI气缸盖总成	481F-1003010BA	1	GG02601
3	MPI气缸盖总成	481F-1003010BA	1	GG02601
4	MPI气缸盖总成	481F-1003010BA	1	GG02601
5	气缸盖总成	481FB-1003010	1	GG02604
6	气缸盖总成	481FD-1003010	1	GG02603
7	CBR气缸盖总成	481H-1003010BA	1	GG02602
8	CBR气缸盖总成	481H-1003010BA	1	GG02602

<1 2 3 4 5 6>共23页 当前第1页 跳转到第 □ 页

[保存计划] [下发至缸盖线] [返 回]

图6-20 缸盖线优化排产结果

3. 人工调整

如果经过优化算法得到的生产序列符合生产的实际要求，则在图6-19中点击"下发至装配线"按钮即可将其下发至装配线，在图6-20中点击"下发至缸盖线"按钮即可将其下发到缸盖加工线。如果对于系统优化排产的结果不满意，调度员则要对其进行人工调整，只需在图6-19和图6-20中按住鼠标左键将要调整生产顺序的计划拖拽到需要插入的地方即可，手工调整完毕，点击"保存计划"按钮，然后，再将调整后的计划分班次下发至生产现场。装配线和缸盖线优化排序结果调整如图6-21和图6-22所示。

混流加工-装配系统运行优化

| 生产线 | 481/484装配线 | 生产日期 | 2009.11.9 | 班次 | 白班 |

调整后的装配顺序如下（共200条记录）

生产顺序	发动机名称	物料编号	需求数量	批次号
1	1.6FD铸铁发动机总成_(481FD联电A21用)	DA2-0000E01AA	1	XH05504
2	1.6LLC发动机总成_A21用	481F-1000010-1	1	SH05501
3	2.0NALC发动机总成_A21用	484F-1000010-1	1	XH05503
4	2.0NALC发动机总成_A21用	484F-1000010-1	1	XH05503
5	2.0NALC发动机总成_A21用	484F-1000010-1	1	XH05503
6	1.8FC铸铁发动机总成_(481FC联电A21用)	DA2-0000E02AA	1	SH05505
7	1.6FD铸铁发动机总成_(481FD联电A21用)	DA2-0000E01AA	1	XH05504
8	1.6LCBR发动机总成_A21用	481H-1000010-1	1	SH05502

<123456>共25页 当前第1页 跳转到第 [ ] 页

[保存计划] [下发至装配线] [返回]

图 6-21 装配线优化排序结果人工调整

| 生产线 | 缸盖线 | 生产日期 | 2009.11.8 | 班次 | 中班 |

调整后的缸盖线加工顺序如下（共180条记录）

生产顺序	名称	物料编号	需求数量	批次号
1	MPI气缸盖总成	481F-1003010BA	1	GG02601
2	MPI气缸盖总成	481F-1003010BA	1	GG02601
3	MPI气缸盖总成	481F-1003010BA	1	GG02601
4	MPI气缸盖总成	481F-1003010BA	1	GG02601
5	气缸盖总成	481FD-1003010	1	GG02603
6	气缸盖总成	481FB-1003010	1	GG02604
7	CBR气缸盖总成	481H-1003010BA	1	GG02602
8	CBR气缸盖总成	481H-1003010BA	1	GG02602

<123456>共23页 当前第1页 跳转到第 [ ] 页

[保存计划] [下发至缸盖线] [返回]

图 6-22 缸盖线优化排序结果人工调整

6.5.5 加工-装配系统批量和排序优化

包括装配线连续三个班次装配计划的确认、加工-装配系统批量和排序优化和人工调整等。

1. 装配线连续三个班次装配计划的确认

打开需要确认的连续三个班次的装配计划,进入计划显示界面,根据各型号发动机的现有库存量等,调度员确定每个班次各种发动机实际的生产量,如图 6-23 所示。

您所在的位置:加工-装配系统批量和排序集成优化

连续三个班次计划管理
生产线 481/484装配线 生产日期 2009.11.16 至 2009.11.19
查看连续三个班次装配计划

2009-11-16白班装配计划

序号	发动机名称	物料编号	需求数量	生产序号	批次
1	1.6LLC发动机总成_A21用	481F-1000010-1	20	3	XH05341
2	1.6LCBR发动机总成_A21用	481H-1000010-1	30	1	XH05342
3	2.0NALC发动机总成_A21用	484F-1000010-1	30	5	XH05343
4	1.6FD转铁发动机总成_(481FD联电A21用)	DA2-0000E01AA	30	4	SH05344
5	1.8FC转铁发动机总成_(481FC联电A21用)	DA2-0000E02AA	30	2	SH05345

2009-11-17白班装配计划

序号	发动机名称	物料编号	需求数量	生产序号	批次
1	1.6LLC发动机总成_A21用	481F-1000010-1	20	1	XH05346
2	1.6LCBR发动机总成_A21用	481H-1000010-1	30	2	XH05347
3	2.0NALC发动机总成_A21用	484F-1000010-1	50	5	XH05348
4	1.6FD转铁发动机总成_(481FD联电A21用)	DA2-0000E01AA	40	3	SH05349
5	1.8FC转铁发动机总成_(481FC联电A21用)	DA2-0000E02AA	40	4	SH05350

2009-11-18白班装配计划

序号	发动机名称	物料编号	需求数量	生产序号	批次
1	1.6LLC发动机总成_A21用	481F-1000010-1	50	2	XH05351
2	1.6LCBR发动机总成_A21用	481H-1000010-1	30	1	XH05352
3	2.0NALC发动机总成_A21用	484F-1000010-1	20	3	XH05353
4	1.6FD转铁发动机总成_(481FD联电A21用)	DA2-0000E01AA	70	4	SH05354
5	1.8FC转铁发动机总成_(481FC联电A21用)	DA2-0000E02AA	30	5	SH05355

保存计划   批量和排序集成优化   返回

图 6-23　连续三个班次装配计划确认

2. 优化排产

进行批量和排序集成优化选择的优化目标为最小化库存成本、最小化正常工作时间内加工-装配系统总的完工成本和最小化超时完工总成本。确定了装配线连续三个班次装配的产品种类和各种产品的装配数量后,在以上界面中点击"加工-装配系统批量和排序优化"按钮,经过系统的计算,即可显示出该方案对应的详细的投产顺序,包括每日各条线生产的产品(部件)的品种和数量。篇幅所限,仅列出装配线和缸盖线的生产顺序,如图6-24和图6-25所示。

图 6-24 装配线装配顺序

第6章 优化排序方法在发动机混流生产计划管理中的应用

图 6-25 缸盖线加工顺序

3. 人工调整

如果经过优化算法得到的生产序列符合生产的实际要求,即可在图 6-24 中点击"下发到装配线"按钮将其按班次下发至装配线,在图 6-25 中点击"下发到缸盖线"按钮将其班次下发至缸盖线;如果对优化结果不满意,调度员可以对其进行人工调整,只需按住鼠标左键将要调整生产顺序的计划拖拽到需要插入的地方即可,手工调整完毕,点击"保存计划"按钮,再下发至生产现场。调整后的界面与图 6-24 和图 6-25 类似,只是生产的先后顺序不同,由于篇幅所限,此处不再列出。

6.5.6　计划执行状态查询的实现

计划执行状态查询是生产监控的一种手段,本系统中,包括对装配线计划执行状态查询和加工线计划执行状态查询两种,其具体的实现是类似的,以装配线计划执行状态查询为例说明。

点击系统左侧的树形目录,选择"发动机装配线计划执行查询"选项,进入该模块活动区域,选择生产线、生产日期和班次,点击"确定"按钮后即可查看该班次计划的执行状态,如图6-26所示。

您所在的位置:班次生产计划执行状态查询

班次计划执行状态查询

生产线 481/484装配线　生产日期 2009.11.2　班次 白班　　确定

序号	发动机名称	物料编号	需求数量	批次号	已完工数量
1	1.6LLC发动机总成_A21用	481F-1000010-1	50	XH05301	15
2	1.6LCBR发动机总成_A21用	481H-1000010-1	60	XH05302	18
3	2.0NALC发动机总成_A21用	484F-1000010-1	30	XH05303	9
4	1.6FD铸铁发动机总成_(481FD联电A21用)	DA2-0000E01AA	70	SH05304	21
5	1.8FC铸铁发动机总成_(481FC联电A21用)	DA2-0000E02AA	30	SH05305	9

图6-26　发动机装配线计划查询模块

为了更好地掌握在制品的生产进度,进一步引入"产品各道工序任务完成比例查询"这一功能,通过与生产现场的数据采集设备相结合,对在制的每个产品的完工状况、目前所在工位,进行实时的跟踪和监控。点击图6-26中第4条记录,即可显示出1.6FD铸铁发动机总成(481FD 联电 A21 用)在各个工位上的完工情况,如图 6－27 所示。

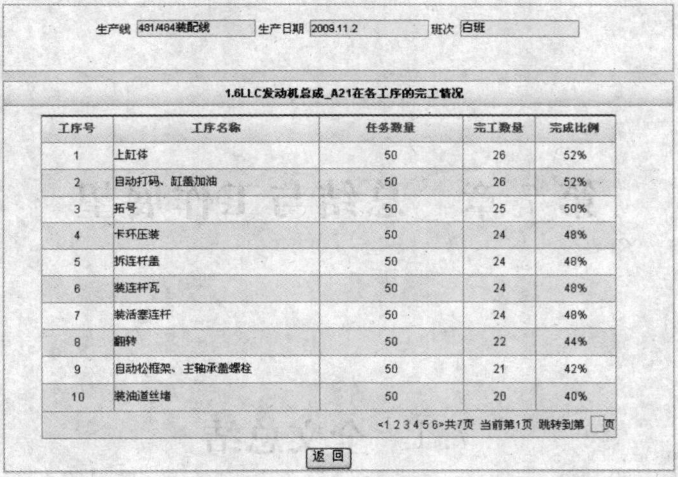

生产线 481/484装配线　生产日期 2009.11.2　班次 白班

1.6LLC发动机总成_A21在各工序的完工情况

工序号	工序名称	任务数量	完工数量	完成比例
1	上缸体	50	26	52%
2	自动打码、缸盖加油	50	26	52%
3	拓号	50	25	50%
4	卡环压装	50	24	48%
5	拆连杆盖	50	24	48%
6	装连杆瓦	50	24	48%
7	装活塞连杆	50	24	48%
8	翻转	50	22	44%
9	自动松框架、主轴承盖螺栓	50	21	42%
10	装油道丝堵	50	20	40%

<1 2 3 4 5 6>共7页　当前第1页　跳转到第　页

返 回

图 6－27　各工序任务完成情况查询

6.6　小结

本章以前面章节研究的理论方法为基础,结合企业实际,开发了发动机混流生产计划管理软件系统,实现了计划管理的基本功能,包括总装三日滚动计划管理、装配线计划管理、加工线计划管理、计划执行状态查询、计划完成情况统计、用户管理等功能,并在 A 企业发动机公司进行了验证。

第 7 章 总结与工作展望

7.1 全文总结

本书以轿车发动机混流生产系统为背景,围绕混流生产过程中几个典型的生产计划优化排序问题,分别对带有限中间缓冲区的多级混合流水部件加工线调度、带有限中间缓冲区的混流装配线排序、混流加工‑装配系统的集成优化排序、混流加工‑装配系统的批量和排序集成优化问题进行了研究,并将研究成果在 A 企业发动机公司进行了验证,全书总结如下:

(1)介绍研究背景和意义,综述相关研究。以轿车发动机混流加工‑装配系统为研究背景,分析该生产系统的组成,以及各条生产线的性质,对要研究的问题进行归类。按照多级混合流水车间调度、混流装配线排序、加工‑装配系统集成优化排序,以及加工‑装配系统批量和排序集成优化的顺序分别对各个问题的国内外研

第7章 总结与工作展望

究现状进行系统全面的综述,并且指出了各个领域存在的问题,最后阐明本书的内容结构与主要的研究工作。

(2)采用基于遗传算法和模拟退火算法的混合算法求解带有限中间缓冲区的多级混合流水部件加工线的调度问题。通过两种元启发式算法的混合,可以克服各自的不足,平衡算法广泛性搜索和集中性搜索的能力,采用启发式方法和随机产生相结合的方式产生初始解种群,提出了事件驱动和空闲机器优先规则相结合计算最大完工时间的方法,结合问题本身特点设计选择、交叉和变异算子。以最小化最大完工时间为优化目标,针对同样的问题和相同的计算数据,将该算法的优化结果与近年发表的文献中的结果进行比较,验证该算法的有效性和优越性。然后,按照 A 企业发动机公司各条部件加工线实际构成,应用该公司真实的数据,分别对缸体、缸盖、曲轴和凸轮轴加工线的班次加工计划进行优化调度,调度结果均优于该公司目前采用的调度方法的结果。

(3)以部件消耗平顺化和最小化最大完工时间为目标,建立带有限中间缓冲区的混流装配线的两目标优化模型。提出一种多目标遗传算法用于求解该问题,在此算法中,提出一种三阶段的实数编码方法,同时应用帕累托分级和共享函数的方法用于可行解适应度值的评价,保证解的分布性和均匀性,设计新的选择、交叉和变异算子。按照 A 企业发动机公司装配线的实际构成和真实的数据,将该多目标优化算法的优化结果分别与采用第 2 章中的混合算法进行单目标优化的优化结果进行比较,验证多目标优化算法的有效性。

(4)为解决由一条带有限中间缓冲区的混流装配线和若干条

带有限中间缓存区的混合流水部件加工线组成的拉式生产系统的集成优化排序问题,以平顺化混流装配线的部件消耗及最小化装配线和多条加工线最大完工时间成本为优化目标,提出该混流加工-装配系统集成优化框架,考虑产品和部件的库存约束,建立装配线优化数学模型,提出基于事件驱动和空闲机器优先规则的加工线调度方案的构造方法,设计可适应多目标遗传算法用于求解该问题,在此算法中,设计可适应的遗传算子,提出一种新的编码方法,而且结合问题的特点,考虑部件的库存约束,提出一种由装配线生产序列产生各条加工线第一工位加工序列的方法。对于多目标优化解集的优劣提出满意度函数的评价方法。按照 A 企业发动机混流加工-装配系统的实际构成和真实的数据,通过与多目标模拟退火算法的结果进行比较,验证该多目标遗传算法的可行性和有效性。

(5)为克服上述完全混流排序方法的结果可能造成频繁切换,以致引起错漏操作的缺点,以装配车间连续三个班次的生产计划为输入,以最小化加工-装配系统总的正常完工时间成本、超时完工时间成本和库存成本为目标,对该加工-装配系统的批量和排序集成优化问题进行研究,建立优化数学模型,提出一种基于遗传算法和禁忌搜索算法的混合求解方法。在该算法中,结合问题的特点,提出新的编码、交叉和变异方法,采用可适应的交叉和变异概率。应用生产现场的实际生产数据,将该算法的优化性能与可适应遗传算法进行了比较,验证该混合算法的有效性。

(6)将以上优化方法集成到轿车发动机协同制造管理系统之中,能够分别实现对单条加工线和单条装配线的优化排序,也能实

第7章 总结与工作展望

现加工-装配系统的集成优化排序,以及实现加工-装配系统批量和排序集成优化的功能。最后给出该系统的实际实施效果。

7.2 工作展望

研究混流加工-装配系统的优化排序问题可以缩短生产周期,减少部件和产品的库存,降低企业生产成本,从而提高企业核心竞争力,对于该类问题的研究涉及的内容和方法手段众多。随着研究的深入,笔者认为下一步的研究工作可以从以下几方面着手:

(1)进一步研究混流加工-装配系统中加工线和装配线有效的协同机制和方法,建立加工-装配系统协同优化模型,对于提高整个生产系统的利用率和生产效益具有重要意义。例如,从生产系统物流的角度入手,同时考虑完工时间成本、运输成本、缺货成本和库存成本,是一个值得研究的方向。

(2)混流加工-装配系统优化排序问题,可行解的规模巨大,在采用元启发式算法进行优化计算时,耗时一般都较长,要使优化方法具有较好的实际可用性,需要不断提高算法的优化效率和质量,因此,对于高效优化算法的探索是一个值得持续坚持的研究方向。

(3)混流加工-装配系统涉及多条生产线和多台机器,实际生产中,突发事件不可避免,如紧急订单插入、订单取消、机器故障、物料短缺,操作人员缺勤等,因此,研究动态环境下的优化排序问题更具有现实意义,也是下一步需要开展研究的工作。

参考文献

[1] Arthanary T S, Ramaswamy K G. An extension of two machine sequencing problems [J]. Operations Research, 1971, 8: 10 - 22.

[2] Linn R, Zhang W. Hybrid flow shop scheduling: a survey [J]. Computers & Industrial Engineering, 1999, 37: 57 - 61.

[3] Wang H. Flexible flow shop scheduling: optimum, heuristics, and artificial intelligence solutions [J]. Expert Systems, 2005, 22(2): 78 - 85.

[4] Moursli O, Pochet Y. A branch - and - bound algorithm for the hybrid flowshop [J]. International Journal of Production Economics, 2000, 64(1 - 3): 113 - 125.

[5] Brah S A, Hunsucker J L. Branch and bound algorithm

参考文献

for the flow shop with multiple processors [J]. European Journal of Operational Research, 1991, 51: 88 - 99.

[6] Allaoui H, Artiba A. Scheduling two - stage hybrid flow shop with availability constraints [J]. Computers & Operations Research, 2006, 33: 1399 - 1419.

[7] Haouari M, Hidri L, Gharbi A. Optimal scheduling of a two - stage hybrid flow shop [J]. Mathematical Methods of Operations Research, 2006, 64: 107 - 124.

[8] Azizoglu M, Cakmak E, Kondakci S. A flexible flow shop problem with total flow time minimization [J]. European Journal of Operational Research, 2001, 132: 528 - 538.

[9] Tang L X, Xuan H, Liu J. A new Lagrangian relaxation algorithm for hybrid flowshop scheduling to minimize total weighted completion time [J]. Computers and Operations Research, 2006, 33: 3344 - 3359.

[10] Jenabi M, Fatemi Ghomi S M T, Torabi S A, et al. Two hybrid meta - heuristics for the finite horizon ELSP in flexible flow lines with unrelated parallel machines [J]. Applied Mathematics and Computation, 2007, 186: 230 - 245.

[11] Choi HS, Lee DH. Scheduling algorithms to minimize the number of tardy jobs in two - stage hybrid flow shops [J]. Computers & Industrial

Engineering, 2009, 56(1): 113-120.

[12] Choi HS, Lee DH. A branch and bound algorithm for two-stage hybrid flow shops: Minimizing the number of tardy jobs [J]. Journal of the Korean Institute of Industrial Engineers, 2007, 33: 213-220.

[13] Kyparisis G J, Koulamas C. A note on weighted completion time minimization in a flexible flow shop [J]. Operations Research Letters, 2001, 29: 5-11.

[14] Oguz C, Ercan M, Edwin Cheng T C, et al. Heuristic algorithms for multiprocessor task scheduling in a two-stage hybrid flow-shop [J]. European Journal of Operational Research, 2003, 149: 390-403.

[15] Thornton H W, Hunsucker J L. A new heuristic for minimal makespan in flow shops with multiple processors and no intermediate storage [J]. European Journal of Operational Research, 2004, 152: 96-114.

[16] Acero-Dominguez M J, Paternina-Arboleda C D. Scheduling jobs on a K-stage flexible flow shop u-sing a TOC-based (bottleneck) procedure [C]. Systems and Information Engineering Design Symposium, 2004: 295-298.

[17] Lee G C, Kim Y D, Choi S W. Bottleneck-focused scheduling for a hybrid flowshop [J]. International

Journal of Production Research, 2004, 42: 165-181.

[18] Kyparisis G, Koulamas C. A note on makespan minimization in two-stage flexible flow shops with uniform machines [J]. European Journal of Operational Research, 2006, 175: 1321-1327.

[19] Logendran R, Carson S, Hanson E. Group scheduling in flexible flow shop [J]. International Journal of Production Economics, 2005, 96: 1-13.

[20] Kyparisis G J, Koulamas C. Flexible flow shop scheduling with uniform parallel machines [J]. European Journal of Operational Research, 2006, 168: 985-997.

[21] Paternina-Arboleda C D, Montoya-Torres J R, Acero-Dominguez M J, et al. Scheduling jobs on a k-stage flexible flow-shop [J]. Annals of Operations Research, 2008, 164: 29-40.

[22] Choi HS, Kim HW, Lee DH, et al. Scheduling algorithms for two-stage rentrant hybrid flow shops: minimizing makespan under the maximum allowable due dates [J]. International Journal of Advanced Manufacturing Technology, 2009, 42: 963-973.

[23] Ruiz R, Serifoglu F, Urlings T. Modeling realistic hybrid flexible flowshop scheduling problems [J].

Computers & Operations Research, 2008, 35(4): 1151-1175.

[24] Bellanger A, Oulamara A. Scheduling hybrid flow-shop with parallel batching machines and compatibilities [J]. Computers & Operations Research, 2009, 36: 1982-1992.

[25] Botta-Genoulaz V. Hybrid flow shop scheduling with precedence constraints and time lags to minimize maximum lateness [J]. International Journal of Production Economics, 2000, 64: 101-111.

[26] Lin H, Liao C. A case study in a two-stage hybrid flow shop with setup time and dedicated machines [J]. International Journal of Production Economics, 2003, 86: 133-143.

[27] Yang Y, Kreipl S, Pinedo M. Heuristics for minimizing total weighted tardiness in flexible flow shops [J]. Journal of Schededuling, 2000, 3: 71-88.

[28] Lee G C, Kim Y D, Kim J G, et al. A dispatching rule-based approach to production scheduling in a printed circuit board manufacturing system [J]. Journal of the Operational Research Society, 2003, 54: 1038-1049.

[29] Chen C L, Chen C L. Bottleneck-based heuristics to minimize total tardiness for the flexible flow

line with unrelated parallel machines [J]. Computers & Industrial Engineering, 2009, 56(4): 1393-1401.

[30] Gupta J N D, Tunc E A. Minimizing tardy jobs in a two-stage hybrid flowshop [J]. International Journal of Production Research, 1998, 36: 2397-2417.

[31] Gupta J, Kruk K, Lau V, et al. Heuristics for hybrid flow shop with controllable processing times and assignable due dates [J]. Computers and Operations Research, 2002, 29: 1417-1439.

[32] Kurz M E, Askin R G. Comparing scheduling rules for flexible flow lines [J]. International Journal of Production Economics, 2003, 85: 371-388.

[33] Kurz M E, Askin R G. Scheduling flexible flow lines with sequence-dependent setup times [J]. European Journal of Operational Research, 2004, 159: 66-82.

[34] Engin O, Doyen A. A new approach to solve hybrid flow shop scheduling problems by artificial immune system [J]. Future Generation Computer Systems, 2004, 20: 1083-1095.

[35] Oguz C, Zinder Y, Do V H, et al. Hybrid flow shop scheduling problems with multiprocessor task systems [J]. European Journal of Operational Re-

search, 2004, 152: 115-131.

[36] Bertel S, Billaut J C. A genetic algorithm for an industrial multiprocessor flow shop scheduling problem with recirculation [J]. European Journal of Operational Research, 2004, 159: 651-662.

[37] Serifoglu F S, Ulusoy G. Multiprocessor task scheduling in multistage hybrid flow-shops: a genetic algorithm approach [J]. Journal of the Operational Research Society, 2004, 55(5): 504-512.

[38] Oguz C, Ercan M F. A genetic algorithm for hybrid flow-shop scheduling with multiprocessor tasks [J]. Journal of Scheduling, 2005, 8: 323-351.

[39] Tang L, Zhang Y. Heuristic combined artificial neural networks to schedule hybrid flow shop with sequence dependent setup times [C]. Advances in neural networks, LNCS, 2005, 3496: 788-793.

[40] Ruiz R, Maroto C. A genetic algorithm for hybrid flow shops with sequence dependent setup times and machine eligibility [J]. European Journal of Operational Research, 2006, 169: 781-800.

[41] Logendran R, deSzoeke P, Barnard F. Sequence-dependent group scheduling problems in flexible flow shops [J]. International Journal of Production Economics, 2006, 102: 66-86.

参考文献

[42] Zandieh M, Fatemi Ghomi S M T, Moattar Husseini S M. An immune algorithm approach to hybrid flow shops scheduling with sequence-dependent setup times [J]. Applied Mathematics and Computation, 2006, 180: 111-127.

[43] Jin Z, Yang Z, Ito T. Metaheuristic algorithms for the multistage hybrid flowshop scheduling problem [J]. International Journal of Production Economics, 2006, 100(2): 322-34.

[44] Ercan M F, Fung YF. Performance of particle swarm optimization in scheduling hybrid flow-shops with multiprocessor tasks [C]. LNCS 4707, Part III, 2007: 309-319.

[45] Alaykyran K, Engin O, Doyen A. Using ant colony optimization to solve hybrid flow shop scheduling problems [J]. International Journal of Advanced Manufacturing Technology, 2007, 35: 541-550.

[46] Amin-Naseri M R, Beheshti-Nia M A. Hybrid flow shop scheduling with parallel batching [J]. International Journal of Production Economics, 2009, 117(1): 185-196.

[47] Gholami M, Zandieh M, Alem-Tabriz A. Scheduling hybrid flow shop with sequence-dependent setup times and machines with random breakdowns

[J]. International Journal of Advanced Manufacturing Technology, 2009, 42: 189-201.

[48] Yaurima V, Burtseva L, Tchernykh A. Hybrid flowshop with unrelated machines, sequence dependent setup time and availability constraints: An enhanced crossover operator for a genetic algorithm [C]. LNCS, 2008, 4967:608-617.

[49] Naderi B, Zandieh M, Roshanaei V. Scheduling hybrid flowshops with sequence dependent setup times to minimize makespan and maximum tardiness [J]. International Journal of Advanced Manufacturing Technology, 2009, 41: 1186-1198.

[50] Zandieh M, Dorri B, Khamseh A R. Robust metaheuristics for group scheduling with sequence-dependent setup times in hybrid flexible flow shops [J]. International Journal of Advanced Manufacturing Technology, 2009, 43: 767-778.

[51] Low C. Simulated annealing heuristic for flow shop scheduling problems with unrelated parallel machines [J]. Computers and Operations Research, 2005, 32: 2013-2025.

[52] Shiau DF, Cheng SC, Huang YM. Proportionate flexible flow shop scheduling via a hybrid constructive genetic algorithm [J]. Expert System with

参考文献

Applications, 2008, 34: 1133-1143.

[53] Yaurima V, Burtseva L, Tchernykh A. Hybrid flowshop with unrelated machines, sequence-dependent setup time, availability constraints and limited buffers [J]. Computers & Industrial Engineering, 2009, 56(4): 1452-1463.

[54] Janiak A, Kozan E, Lichtenstein M, et al. Meta-heuristic approaches to the hybrid flow shop scheduling problem with a cost-related criterion [J]. International Journal of Production Economics, 2007, 105: 407-424.

[55] Tang L, Liu W, Liu J. A neural network model and algorithm for the hybrid flow shop scheduling problem in a dynamic environment [J]. Journal of Intelligent Manufacturing, 2005, 16: 361-370.

[56] Jungwattanakit J, Reodecha M, Chaovalitwongse P, et al. A comparison of scheduling algorithms for flexible flow shop problems with unrelated parallel machines, setup times, and dual criteria [J]. Computers & Operations Research, 2009, 36: 358-378.

[57] Hall N G, Posner M E, Potts C N. Preemptive scheduling with finite capacity input buffers [J]. Annals of Operations Research, 1997, 70: 399-413.

[58] Hall N G, Posner M E, Potts C N. Scheduling with finite capacity input buffers [J]. Operations Research, 1998, 46: 154-159.

[59] Hall N G, Posner M E, Potts C N. Scheduling with finite capacity output buffers [J]. Operations Research, 1998, 46: 84-97.

[60] Khosla I. The scheduling problem where multiple machines compete for a common local buffer [J]. European Journal of Operational Research, 1995, 84: 330-42.

[61] Nowicki E. The permutation flowshops with finite buffers: a tabu search approach [J]. European Journal of Operational Research, 1999, 116: 205-219.

[62] Wang L, Zhang L, Zheng D Z. An effective hybrid genetic algorithm for flow shop scheduling with limited buffers [J]. Computers & Operations Research, 2006, 33: 2960-2971.

[63] Norman B A. Scheduling flowshops with finite buffers and sequence-dependent setup times [J]. Computers & Industrial Engineering, 1999, 36: 163-77.

[64] Leisten R. Flowshop sequencing problems with limited buffer storage [J]. International Journal of

Production Research, 1990, 28: 2085-2100.

[65] Nawaz M, Enscore E J, Ham I. A heuristic algorithm for the mmachine, n-job flow-shop sequencing problem [J]. The International Journal of Management Science, 1983, 11(1): 91-95.

[66] Wittrock R J. An adaptable scheduling algorithm for flexible flow lines [J]. Operations Research, 1988, 36: 445-453.

[67] Sawik T J. Scheduling flexible flow lines with no in-process buffers [J]. International Journal of Production Research, 1995, 33(5): 1357-1367.

[68] Sawik T. Mixed integer programming for scheduling flexible flow lines with limited intermediate buffers [J]. Mathematical and Computer Modelling, 2000, 31: 39-52.

[69] Sawik T. An exact approach for batch scheduling in flexible flow lines with limited intermediate buffers [J]. Mathematical and Computer Modelling, 2002, 36: 461-471.

[70] Wardono B, Fathi Y. A tabu search algorithm for the multi-stage parallel machine problem with limited buffer capacities [J]. European Journal of Operational Research, 2004, 155: 380-401.

[71] Tang L X, Xuan H. Lagrangian relaxation algorit-

hms for real-time hybrid flowshop scheduling with finite intermediate buffers [J]. Journal of the Operational Research Society, 2006, 57: 316-324.

[72] Wang X, Tang L. A tabu seqrch heuristic for the hybrid flowshop scheduling with finite intermediate buffers [J]. Computers & Operations Research, 2009, 36: 907-918.

[73] Monden Y. Toyota production system [M]. Atlanta: Institute of Industrial Engineering Press, Institute of Industrial Engineers, 1983.

[74] Miltenburg J. Level schedules for mixed-model assembly lines in just-in-time production systems [J]. Management Science, 1989, 35: 192-207.

[75] Inman R R, Bulfin R L. Quick and dirty sequencing for mixed-model multi-level JIT systems [J]. International Journal of Production Research, 1992, 30: 2011-2018.

[76] Ding F Y, Cheng L. A simple sequencing algorithm for mixed-model assembly lines in just-in-time production systems [J]. Operations Research Letters, 1993, 13: 27-35.

[77] Ding F Y, Cheng L. An effective mixed-model assembly line sequencing heuristic for Just-in-Time production systems [J]. Journal of Operations Ma-

nagement, 1993, 11: 45-50.

[78] Cakir A, Inman R R. Modified goal chasing for products with non-zero/one bills of material [J]. International of Production Research, 1993, 31: 107-115.

[79] Sumichrast R T, Russel R S. Evaluating mixed-model assembly line sequencing heuristics for just-in-time production systems [J]. Journal of Operations Management, 1990, 9: 371-390.

[80] Duplaga E A, Bragg D J. Mixed-model assembly line sequencing heuristic for smoothing component parts usage: a comparative analysis [J]. International Journal of Production Research, 1998, 36: 2209-2224.

[81] Duplaga E A, Hahn C K, Hur D. Mixed-model assembly line sequencing at Hyundai Motor Company [J]. Production and Inventory Management Journal, 1996, 37: 20-26.

[82] Miltenburg J, Sinnamon G. Scheduling mixed-model multi-level just-in-time production systems [J]. International Journal of Production Research, 1989, 27(9): 1487-1509.

[83] Kubiak W, Sethi S P. Optimal just-in-time schedules for flexible transfer lines [J]. The Internatio-

nal Journal of Flexible Manufacturing Systems,1994,6: 137-154.

[84] Miltenburg J, Sinnamon G. Algorithms for scheduling multi-level just-in-time production systems [J]. IIE Transactions, 1992, 24: 121-130.

[85] Ponnambalam S G, Aravindan P, Rao M S. Genetic algorithms for sequencing problems in mixed model assembly lines [J]. Computers & Industrial Engineering, 2003, 45: 669-690.

[86] Morabito M A, Kraus M E. Discussion: A note on "scheduling mixed-model multi-level just-in-time production systems" [J]. International Journal of Production Research, 1995, 53: 2061-2063.

[87] Aigbedo H, Monden Y. A simulation analysis for two-level sequence-scheduling for just-in-time (JIT) mixed-model assembly lines [J]. International Journal of Production Research, 1996, 34: 3107-3124.

[88] Steiner G, Yeomans J S. Optimal level schedules in mixed-model, multi level JIT assembly systems with pegging [J]. European Journal of Operational Research, 1996, 95: 38-52.

[89] Kubiak W, Steiner G, Yeomans J S. Optimal level schedules for mixed-model, multi-level just-in-

time assembly systems [J]. Annals of Operations Research, 1997, 69: 241-259.

[90] Leu Y, Huang P, Russell R. Using beam search technique for sequencing mixed-model assembly lines [J]. Annals of Operations Research, 1997, 70: 379-397.

[91] Monden Y. Toyota Production System [M]. Norcross: Industrial Engineering and Management Press, 1993.

[92] Leu Y, Matheson L, Rees L. Sequencing mixed model assembly line with genetic algorithm [J]. Computers & Industrial Engineering, 1996, 30: 1027-1036.

[93] Xiaobo Z, Zhou Z, Asres A. A note on Toyota's goal of sequencing mixed models on an assembly line [J]. Computers & Industrial Engineering, 1999, 36: 57-65.

[94] Xiaobo Z, Zhou Z. Algorithms for Toyota's goal of sequencing mixed models on an assembly line with multiple workstations [J]. Journal of the Operational Research Society, 1999, 50: 704-710.

[95] Kurashige K, Yanagawa Y, Miyazaki S, et al. Time-based goal chasing method for mixed-model assembly line problem with multiple work stations [J]. Production Planning & Control, 2002, 13(8):

735-745.

[96] Kubiak W. Minimizing variation of production rates in JIT systems: A survey [J]. European Journal of Operations Research, 1993, 66: 259-271.

[97] Zhu J, Ding F. A transformed two-stage method for reducing the part-usage variation and a comparison of the product-level and part-level solutions in sequencing mixed-model assembly lines [J]. European Journal of Operational Research, 2000, 127(1): 203-216.

[98] Inman R R, Bulfin R L. Sequencing JIT mixed model assembly lines [J]. Management Science, 1991, 37: 901-904.

[99] Steiner G, Yeomans J S. Level schedules for mixed-model, just-in-time processes [J]. Management Science, 1993, 39: 728-735.

[100] Bautista J, Companys R, Corominas A. Heuristics and exact algorithms for solving the Monden problem [J]. European Journal of Operational Research, 1996, 88: 101-131.

[101] Moreno N, Corominas A. Solving the minmax product rate variation problem (PRVP) as a bottleneck assignment problem [J]. Computers & Operations Research, 2006, 33: 928-939.

[102] Dahmada T N, Kubiak W. A brief survey of just-in-time sequencing for mixed-model systems [J]. International Journal of Operations Research, 2005, 2: 38-47.

[103] Boysen N, Fliedner M, Scholl A. Sequencing mixed-model assembly lines: Survey, classification and model critique [J]. European Journal of Operational Research, 2009, 192: 349-373.

[104] Dar-El E M, Cother R F. Assembly line sequencing for model mix [J]. International Journal of Production Research, 1975, 13: 463-477.

[105] Dar-El E M. Mixed-model assembly line sequencing problems [J]. OMEGA, 1978, 6: 313-323.

[106] Dar-El E M, Cucuy S. Optimal model-mixed sequencing for balanced assembly lines [J]. OMEGA, 1977, 5: 333-341.

[107] Dar-El E M, Nadivi A. A mixed-model sequencing application [J]. International Journal of Production Research, 1981, 19: 69-84.

[108] Kim Y K, Hyun C J, Kim Y. Sequencing in mixed model assembly lines: A genetic algorithm approach [J]. Computers & Operations Research, 1996, 23: 1131-1145.

[109] Goldschmidt O, Bard J F, Takvorian A. Compl-

exity results for mixed-model assembly lines with approximation algorithms for the single station case [J]. The International Journal of Flexible Manufacturing Systems, 1997, 9: 251-272.

[110] Bard J F, Stub A, Joshi S B. Sequencing mixed-model assembly lines to level parts usage and minimize line length [J]. International Journal of Production Research, 1994, 32: 2431-2454.

[111] Okamura K, Yamashina H. A heuristic algorithm for the assembly line model-mix sequencing problem to minimize the risk of stopping the conveyor [J]. International Journal of Production Research, 1979, 17(3): 233-247.

[112] Xiaobo Z, Ohno K. Propertities of a sequencing problem for a mixed model assembly line with conveyor stoppages [J]. European Journal of Operational Research, 2000, 124(3): 560-570.

[113] Xiaobo Z, Ohno K. Algorithms for sequencing mixed models on an assembly line in a JIT production system [J]. Computers & Industrial Engineering, 1997, 32: 47-56.

[114] Celano G, Costa A, Fichera S, Perrone G. Human factor policy testing in sequencing of manual mixed model assembly lines [J]. Computers &

Operations Research, 2004, 31: 39 - 59.

[115] Yano C A, Bolat A. Survey, development, and application of algorithms for sequencing paced assembly lines [J]. Journal of Manufacturing and Operations Management, 1989, 2: 172 - 198.

[116] Yano C A, Rachamadugu R. Sequencing to minimize work overload in assembly lines with product options [J]. Management Science, 1991, 37(5): 572 - 586.

[117] Tsai LH. Mixed - model sequencing to minimize utility work and the risk of conveyor stoppage [J]. Management Science, 1995, 41: 485 - 495.

[118] Scholl A, Klein R, Domschke W. Pattern based vocabulary building for effectively sequencing mixed - model assembly lines [J]. Journal of Heuristics, 1998, 4: 359 - 381.

[119] Sumichrast R T, Russell R S, Taylor B W. A comparative analysis of sequencing procedures for mixed - model assembly lines in a just - in - time production system [J]. International Journal of Production Research, 1992, 30: 199 - 214.

[120] Caridi M, Sianesi A. Multi - agent systems in production planning and control: An application to the scheduling of mixed - model assembly lines

[J]. International Journal of Production Economics, 2000, 68: 29-42.

[121] Sumichrast R T, Oxenrider K A, Clayton E R. An evolutionary algorithm for sequencing production on a paced assembly line [J]. Decision Science, 2000, 31: 149-172.

[122] Parrello B, Kabat W, Wos L. Job-shop scheduling using automated reasoning: A case study of the car-sequencing problem [J]. Journal of Automated Reasoning, 1986, 2: 1-42.

[123] Hindi K S, Ploszajski G. Formulation and Solution of a Selection and Sequencing Problem in Car Manufacture [J]. Computers & Industrial Engineering, 1994, 2: 203-211.

[124] Smith K, Palaniswami M, Krishnamoorthy M. Traditional heuristic versus Hopfield neural network approach to a car sequencing problem [J]. European Journal of Operational Research, 1996, 93: 300-316.

[125] Fliedner M, Boysen N. Solving the car sequencing problem via branch and bound [J]. European Journal of Operational Research, 2007, 04.045.

[126] Boysen N, Fliedner M. Review and comparison of three methods for the solution of the car sequenc-

ing problem [J]. Journal of the Operational Research, 2006, 57: 1497-1498.

[127] Gravel M, Gagne C, Price W L. Review and comparison of the three methods for the solution of the car sequencing problem [J]. Journal of the Operational Research Society, 2005, 56: 1287-1295.

[128] Kis T. On the complexity of the car sequencing problem [J]. Operations Research Letters, 2004, 32: 331-335.

[129] Solnon C, Cung V D, Nguyen A, et al. The car sequencing problem: Overview of the state-of-the-art methods and industrial case-study of the ROADEF'2005 challenge problem [J]. European Journal of Operational Research, 2008, 191(3): 912-927.

[130] Miltenburg G J, Goldstein T. Developing production schedules which balance part uasge and smooth production loads for just-in-time production systems [J]. Naval Research Logistics, 1991, 38: 893-910.

[131] Zhuqi X, Shusaku H. A study on sequencing method for the mixed-model assembly line in just-in-time production systems [J]. Computers & Industrial Engineering, 1994, 27: 225-228.

[132] Bolat A. Sequencing job on an automobile assembly line: Objectives and procedures [J]. International Journal of Production Research, 1994, 32: 1219-1236.

[133] Aigbedo H, Monden Y. A parametric procedure for multicriterion sequence scheduling for just-in-time mixed-model assembly lines [J]. International Journal of Production Research, 1997, 35: 2543-2564.

[134] Hyun C J, Kim Y, Kim Y K. A genetic algorithm for multiple objective sequencing problems in mixed model assembly lines [J]. Computers & Operations Research, 1998, 25: 675-690.

[135] Tamura T, Long H, Ohno K. A sequencing problem to level part usage rates and work loads for a mixed-model assembly line with a bypass subline [J]. International Journal of Production Economics, 1999, 60: 557-564.

[136] Celano G, Fichera S, Grasso V, et al. An evolutionary approach to multi-objective scheduling of mixed-model assembly lines [J]. Computers & Industrial Engineering, 1999, 37: 69-73.

[137] Zeramdini W, Aigbedo H, Monden Y. Bicriteria sequencing for just-in-time mixed-model assem-

bly lines [J]. International Journal of Production Research, 2000, 38(15): 3451-3470.

[138] Kim Y K, Kim J Y, Kim Y. A coevolutionary algorithm for balancing and sequencing in mixed model assembly lines [J]. Applied Intelligence, 2000, 13: 247-258.

[139] McMullen P R, Frazier G V. A simulated annealing approach to mixed-model sequencing with multiple objectives on a just-in-time line [J]. IIE Transactions, 2000, 32: 679-686.

[140] Lovgren R H, Racer M J. Algorithms for mixed-model sequencing with due date restrictions [J]. European Journal of Operational Research, 2000, 120: 408-422.

[141] Kim Y K, Kim S J, Kim J Y. Balancing and sequencing mixed-model U-lines with a co-evolutionary algorithm [J]. Production Planning & Control, 2000, 11: 754-764.

[142] McMullen P R, Tarasewich P, Frazier G V. Using genetic algorithms to solve the multi-product JIT sequencing problem with set-ups [J]. International Journal of Production Research, 2000, 38: 2653-2670.

[143] McMullen P R. An efficient frontier approach to

addressing JIT sequencing problems with setups via search heuristics [J]. Computers & Industrial Engineering, 2001, 41: 335-353.

[144] McMullen P R. A Kohonen self-organizing map approach to addressing a multiple objective, mixed-model JIT sequencing problem [J]. International Journal of Production Economics, 2001, 72: 59-71.

[145] McMullen P R. An ant colony optimization approach to addressing a JIT sequencing problem with multiple objectives [J]. Artificial Intelligence in Engineering, 2001, 15: 309-317.

[146] Korkmazel T, Meral S. Bicriteria sequencing methods for the mixed-model assembly line in just-in-time production systems [J]. European Journal of Operational Research, 2001, 131: 188-207.

[147] Ventura J A, Radhakrishnan S. Sequencing mixed model assembly lines for a just-in-time production system [J]. Production Planning & Control, 2002, 13(2): 199-210.

[148] Mane A, Nahavandi S, Zhang J. Sequencing production on an assembly line using goal chasing and user defined algorithm [C]. In: Proceedings of the 2002 Winter Simulation Conference, 2002. 1269-1273.

[149] Miltenburg J. Balancing and scheduling mixed-model U-shaped production lines [J]. The International Journal of Flexible Manufacturing Systems, 2002, 14: 119-151.

[150] Kotani S, Ito T, Ohno K. Sequencing problem for a mixed assembly line in the Toyota production system [J]. International Journal of Production Research, 2004, 42: 4955-4974.

[151] McMullen P R, Tarasewich P. A beam search heuristic method for mixed-model scheduling with setups [J]. International Journal of Production Economics, 2005, 96: 273-283.

[152] Mansouri S A. A Muti-objective genetic algorithm for mixed-model sequencing on JIT assembly lines [J]. European Journal of Operational Research, 2005, 167: 696-716.

[153] Yoo J K, Shimizu Y, Hino R. A sequencing problem for mixed-model assembly line with the aid of relief-man [J]. JSME International Journal, Serie C, 2005, 48: 15-20.

[154] Ding F Y, Zhu J, Sun H. Comparing two weighted approaches for sequencing mixed-model assembly lines with multiple objectives [J]. International Journal of Production Economics, 2006,

102: 108-131.

[155] Kim Y K, Kim J Y, Kim Y. An endosymbiotic evolutionary algorithm for the integration of balancing and sequencing in mixed-model U-lines [J]. European Journal of Operational Research, 2006, 168: 838-852.

[156] Drexl A, Kimms A, MatthieBen L. Algorithms for the car sequencing and the level scheduling problem [J]. Journal of Scheduling, 2006, 9: 153-176.

[157] Bock S, Rosenberg O, Brackel T V. Controlling mixed-model assembly lines in real-time by using distributed systems [J]. European Journal of Operational Research, 2006, 168: 880-904.

[158] Tavakkoli-Moghaddam R, Rahimi-Vahed A R. Multi-criteria sequencing problem for a mixed-model assembly line in a JIT production system [J]. Applied Mathematics and Computation, 2006, 181: 1471-1481.

[159] Mohammadi G, Ozbayrak M. Scheduling mixed-model final assembly lines in JIT manufacturing [J]. International Journal of Computer Integrated Manufacturing, 2006, 19: 377-382.

[160] Yu J, Yin Y, Chen Z. Scheduling of an assembly line with a multi-objective genetic algorithm [J].

International Journal of Advanced Manufacturing Technology, 2006, 28: 551-555.

[161] Kara Y, Ozcan U, Peker A. An approach for balancing and sequencing mixed-model JIT U-lines [J]. International Journal of Advanced Manufacturing Technologies, 2007, 32: 1218-1231.

[162] Gagne C, Gravel M, Price W L. Solving real car sequencing problems with ant colony optimization [J]. European Journal of Operational Research, 2006, 174: 1427-1448.

[163] Ribeiro C C, Aloise D, Noronha T F, et al. A hybrid heuristic for a multi-objective real-life car sequencing problem with painting and assembly line constraints [J]. European Journal of Operational Research, 2008, 191: 981-992.

[164] Janiak A, Kozan E, Lichtenstein, et al. Metaheuristic approaches to the hybrid flow shop scheduling problem with a cost-related criterion [J]. International Journal of Production Economics, 2007, (105): 407-424.

[165] Huang P Y. A comparative study of priority dispatching rules in a hybrid assembly/job shop [J]. International Journal of Production Research, 1984, 22(3): 375-387.

[166] Fry T D, Oliff M D, Minor E D, et al. The effects of product structure and sequencing rule on assembly shop performance [J]. International Journal of Production Research, 1989, 27(4): 671-686.

[167] Cheng T C E. Analysis of material flow in a job shop with assembly operations [J]. International Journal of Production Research, 1990, 28(7): 1369-1383.

[168] Philipoom P R, Russell R S, Fry T D. A preliminary investigation of multi-attribute based sequencing rules for assembly shops [J]. International Journal of Production Research, 1991, 29(4): 739-753.

[169] Doctor S R, Cavalier T M, Egbelu P J. Scheduling for machining and assembly in a job-shop environment [J]. International Journal of Production Research, 1993, 31(6): 1275-1297.

[170] McKoy D H C, Egbelu P J. Minimizing production flow time in a process and assembly job shop [J]. International Journal of Production Research, 1998, 36(8): 2315-2332.

[171] Kolisch R. Integration of assembly and fabrication for make-to-order production [J]. International Journal of Production Economics, 2000, 68: 287

-306.

[172] Thiagarajan S, Rajendran C. Scheduling in dynamic assembly job-shops with jobs having different holding and tardiness costs [J]. International Journal of Production Research, 2003, 41(18): 4453-4486.

[173] Thiagarajan S, Rajendran C. Scheduling in dynamic assembly job-shops to minimize the sum of weighted earliness, weighted tardiness and weighted flowtime of jobs [J]. Computers & Industrial Engineering, 2005, 49: 463-503.

[174] Gaafar L K, Masoud S A. Genetic algorithms and simulated annealing for scheduling in agile manufacturing [J]. International Journal of Production Research, 2005, 43(14): 3069-3085.

[175] Lee C Y, Cheng T C E, Lin B M T. Mininizing the makespan in the 3-machine assembly-type flowshop scheduling problem [J]. Management Science, 1993, 39(5): 616-625.

[176] Potts C N, Sevast'Janov S V, Strusevich V A, et al. The two-stage assembly scheduling problem: Complexity and approximation [J]. Operations Research, 1995, 43(2): 346-355.

[177] Hariri A M A, Potts C N. A branch and bound

algorithm for the two-stage assembly scheduling problem [J]. European Journal of Operational Research, 1997, 103: 547-556.

[178] Cheng T C E, Wang G. Scheduling the fabrication and assembly of components in a two-machine flowshop [J]. IIE Transactions, 1999, 31: 135-143.

[179] Yokoyama M. Hybrid flow-shop scheduling with assembly operations [J]. International Journal of Production Economics, 2001, 73: 103-116.

[180] Yokoyama M, Santos D L. Three-stage flow-shop scheduling with assembly operations to minimize the weighted sum of product completion times [J]. European Journal of Operational Research, 2005, 161: 754-770.

[181] Cao D, Chen M. A mixed integer programming model for a two line CONWIP-based production and assembly system [J]. International Journal of Production Economics, 2005, 95: 317-326.

[182] Yokoyama M. Flow-shop scheduling with setup and assembly operations [J]. European Journal of Operational Research, 2008, 187: 1184-1195.

[183] Wagner H M, Whitin T M. Dynamic version of the economic lot size model [J]. Management Sci-

ence, 1958, 5: 89-96.

[184] Karimi B, Fatemi Ghomi S M T, Wilson J M. The capacitated lot sizing problem: a review of models and algorithms [J]. Omega, 2003, 31: 365-378.

[185] Jans R, Degraeve Z. Meta-heuristics for dynamic lot sizing: a review and comparison of solution approaches [J]. European Journal of Operational Research, 2007, 177: 1855-1875.

[186] Ben-Daya M, Darwish M, Ertogral K. The joint economic lot sizing problem: review and extensions [J]. European Journal of Operational Research, 2008, 185: 726-742.

[187] Quadt D, Kuhn H. Capacitated lot-sizing with extensions: a review [J]. 4OR: A Quarterly Journal of Operations Research, 2008, 6: 61-83.

[188] Absi N. Models and methods for capacitated lot-sizing problems [J]. 4OR: A Quarterly Journal of Operations Research, 2008, 6: 311-314.

[189] Robinson P, Narayanan A, Sahin F. Coordinate deterministic dynamic demand lot-sizing problem: a review of models and algorithms [J]. Omega, 2009, 37: 3-15.

[190] Ouenniche J, Boctor F F, Martel A. The impact of sequencing decisions on multi-item lot sizing

and scheduling in flow shops [J]. International Journal of Productiob Research, 1999, 37(10): 2253-2270.

[191] Aras O A, Swanson L A. A lot sizing and sequencing algorithm for dynamic demands upon a single facility [J]. Journal of Operations Management, 1982, 2(3): 177-185.

[192] Gupta D, Magnusson T. The capacitated lot-sizing and scheduling problem with sequence-dependent setup costs and setup times [J]. Computers & Operations Research, 2005, 32: 727-747.

[193] Beraldi P, Ghiani G, Grieco A, et al. Rolling-horizon and fix-and-relax heuristics for the parallel machine lot-sizing and scheduling problem with sequence-dependent set-up costs [J]. Computers & Operations Research, 2008, 35: 3644-3656.

[194] Clark A R. Batch sequencing and sizing with regular varying demand [J]. Production Planning and Control, 1998, 9(3): 260-266.

[195] Clark A R, Clark S J. Rolling-horizon lot-sizing when set-up times are sequence dependent [J]. International Journal of Production Research,

2000, 38(10): 2287-2308.

[196] Meyr H. Simultaneous lot-sizing and scheduling on parallel machines [J]. European Journal of Operational Research, 2002, 139: 277-92.

[197] Meyr H. Simultaneous lot-sizing and scheduling by combining local search with dual optimization [J]. European Journal of Operational Research, 2000, 120: 311-26.

[198] Fleischmann B, Meyr H. The general lot sizing and scheduling problem [J]. OR Spektrum, 1997, 19(1): 11-21.

[199] Staggemeier AT, Clark AR, Aickelin U, et al. A hybrid genetic algorithm to solve a lot—sizing and scheduling problem [R]. Report MS-2002-4, Intelligent Computer Systems Centre Group, University of the West of England, Bristol, Great Britain, 2002.

[200] Marinelli F, Nenni M E, Sforza A. Capacitated lot sizing and scheduling with parallel machines and shared buffers: a case study in a packaging company [J]. Annals of Operations Research, 2007, 150: 177-192.

[201] Sikora R, Chhajed D, Shaw M. Integrating the lot sizing and sequencing decisions for scheduling a capac-

itated flow line [J]. Computers and Industrial Engineering, 1996, 30: 659 - 679.

[202] Sikora R. A genetic algorithm for integrating lot sizing and sequencing in scheduling a capacitated flow line [J]. Computers and Industrial Engineering, 1996, 30: 969 - 981.

[203] Ponnambalam S G, Mohan Reddy M. A GA - SA multiobjective hybrid search algorithm for integrating lot sizing and sequencing in flow - line scheduling [J]. International Journal of Advanced Manufacturing Technology, 2003, 21: 126 - 137.

[204] Dolgui A, Levin G, Louly M A. Decomposition approach for a problem of lot - sizing and sequencing under uncertainties [J]. International Journal of Computer Integrated Manufacturing, 2005, 18 (5): 376 - 385.

[205] Akrami B, Karimi B, Moattar Hosseini S M. Two metaheuristic methods for the common cycle economic lot sizing and scheduling in flexible flow shops with limited intermediate buffers : The finite horizon case [J]. Applied Mathematics and Computation, 2006, 183: 634 - 645.

[206] De Matta R, Guignard M. Studying the effects of production loss due to set - up in dynamic produc-

tion scheduling [J]. European Journal of Operational Research, 1994, 72: 62-73.

[207] De Matta R, Guignard M. The performance of rolling production schedules in a process industry [J]. IIE Transactions, 1995, 27:564-573.

[208] Ferreira D, Morabito R, Rangel S. Solution approaches for the soft drink integrated production lot sizing and scheduling problem [J]. European Journal of Operational Research, 2009, 196(2): 697-706.

[209] Drexl A, Kimms A. Lot sizing and scheduling, survey and extensions [J]. European Journal of Operational Research, 1997, 99: 221-35.

[210] Staggemeier A T, Clark A R. A survey of lot-sizing and scheduling models [C]. In: Proceedings of the 23rd annual symposium of the Brazilian operational research society, Brazil, 2001.

[211] Gupta J N D. Two-stage hybrid flowshop scheduling problem [J]. Operations Research Society, 1988, 39: 359-364.

[212] Sawik T. Mixed integer programming for scheduling flexible flow lines with limited intermediate buffers [J]. Mathematical and Computer Modelling, 2000, 31: 39-52.

[213] Wardono B, Fathi Y. A tabu search algorithm for the multi-stage parallel machine problem with limited buffer capacities [J]. European Journal of Operational Research, 2004, 155: 380-401.

[214] Wang X, Tang L. A tabu search heuristic for the hybrid flowshop scheduling with finite intermediate buffers [J]. Computers & Operations Research, 2009, 36: 907-918.

[215] Holland J H. Adaptation in natural and artificial systems [M]. Ann Arbor: The University of Michigan Press, 1975.

[216] Goldberg D E. Genetic algorithms in search optimisation and machine learning [M]. Massachusetts: Addison-Wesley, Reading, 1989.

[217] Kirkpatrick S, Gelatt C D, Vecchi M P. Optimization by simulated annealing [J]. Science, 1983, 220(4598): 671-680.

[218] Metropolis N, Rosenbluth A W, Rosenbluth M N, et al. Equation of State Calculations by Fast Computing Machines [J]. The Journal of Chemical Physics, 1953, 21(6): 1087-1092.

[219] Wang L, Zheng D Z. An effective hybrid heuristic for flow shop scheduling [J]. International Journal of Advanced Manufacturing Technology, 2003, 21

(1): 38-44.

[220] Wardono B, Fathi Y. A tabu search algorithm for the multi-stage parallel machine problem with limited buffer capacities [J]. European Journal of Operational Research, 2004, 155: 380-401.

[221] Wittrock R J. An adaptable scheduling algorithm for flexible flow lines [J]. Operations Research, 1988, 36: 445-453.

[222] Sawik T J. A scheduling algorithm for flexible flow lines with limited intermediate buffers [J]. Applied Stochastic Models and Data Analysis, 1993, 9: 127-138.

[223] Hausdorff F. Set Theory [M]. New York: Chelsea, 1957.

[224] Schaffer J D. Multiple objective optimization with vector evaluated genetic algorithms [C]. Proceedings of the first International Conference on Genetic Algorithms, 1985: 93-100.

[225] Horn J, Nafpliotis N, Goldberg D E. A niched pareto genetic algorithm for multiobjective optimization [C]. Proceedings of the first IEEE Conference on Evolutionary Computation, Piscataway USA, 1994: 82-87.

[226] Srinivas N, Deb K. Multi-objective optimization

using non‐dominated sorting in genetic algorithms [J]. Evolutionary Computation, 1994, 2(3): 221-248.

[227] Zitzler E, Thiele L. Multiobjective evolutionary algorithms: a comparative case study and the strength pareto approach [J]. IEEE Transactions on Evolutionary Computation, 1999, 3(4): 257-271.

[228] Zitzler E, Laumanns M, Thiele L. SPEA2: improving the strength pareto evolutionary algorithm [R]. TIK—Report 103, 2001.

[229] Deb K, Pratap A, Agarwal S, et al. A fast and elitist multiobjective genetic algorithm NSGA-II [J]. IEEE Transaction on Evolutionary Computation, 2002, 6(2): 182-197.

[230] 郭秀萍. 多目标进化算法及其在制造系统中的应用研究 [D]. 上海：上海交通大学，2007.

[231] Glover F. Future paths for integer programming and links to artificial intelligence [J]. Computers & Operations Research, 1986, 13: 533-549.

[232] Hansen P. The steepest ascent mildest decent heuristic for combinatorial programming [C]. Congress on Numerial Methods in Combinatorial Optimization, Capri, Italy, 1986.

参考文献

[233] Glover F. Tabu thresholding: Improved search by nonmonotonic trajectories [J]. ORSA Journal on Computing, 1995, 7(4): 426-442.

[234] Brucker P. Scheduling Algorithms [M]. Berlin: Springer-Verlag, 1995.

[235] Woodruff D L. Simulated annealing and tabu search: Lessons from a line search [J]. Computers & Operations Research, 1994, 21(8): 823-839.

[236] Ten Eikelder H M M, Aarts B J M, Verhoeven M G A, et al. Sequential and parallel local search algorithms for job shop scheduling [C]. Proceedings of the 2nd International Conference on Metaheuristics, Sophia-Antipolis, France, 1997:21-24.

[237] Anderson J. Mechanism for Local Search [J]. European Journal of Operational Research, 1996, 88: 139-151.